CATALOGUE

DE LA COLLECTION

DE

TABLEAUX

ET

DESSINS ANCIENS

DES ÉCOLES

Allemande, Française, Flamande, Hollandaise & Italienne

FORMÉE PAR FEU

M. LE GÉNÉRAL COMTE ANDREOSSY

Dont la vente aura lieu

HOTEL DES COMMISSAIRES-PRISEURS

Rue Drouot, n° 5

SALLE N° 4

LES 13, 14, 15 ET 16 AVRIL 1864

A 2 HEURES TRÈS-PRÉCISES

———

Commissaire-Priseur : Me Paul NAVOIT, rue Ventadour, 5

Experts : MM. BLAISOT, rue de Rivoli, 178

LANEUVILLE, rue N^e-des-Mathurins, 73

CHEZ LESQUELS SE DISTRIBUE LE PRÉSENT CATALOGUE

———

EXPOSITION PUBLIQUE

Le Mardi 12 Avril 1864, de une heure à cinq heures.

—

1864

Cette Collection, œuvre du général Cte ANDREOSSY (Antoine-François), a été commencée en 1783, lorsqu'il n'était que lieutenant d'artillerie au régiment d'Auxonne, et il s'en occupait encore lorsque la mort vint le frapper inopinément en 1828.

On sait que le général Andreossy, membre de l'Institut d'Égypte et de l'Académie des sciences, après avoir fait les campagnes d'Italie (1794 à 1797), fut successivement ambassadeur de France à Londres, à Vienne, à Constantinople, et gouverneur militaire de Vienne en 1809, etc.

C'est à la faveur de ces grandes positions que le général Andreossy continua, avec cette volonté persévérante qui était un des principaux traits de son caractère, cette Collection si considérable de dessins des grands maîtres de toutes les Écoles.

Elle est livrée au public complète et dans l'état où l'illustre général l'a laissée.

Paris. — Mars 1864.

CONDITIONS DE LA VENTE

Elle sera faite au comptant.

Les Acquéreurs paieront, en sus des adjudications, CINQ CENTIMES par franc applicables aux frais.

L'Ordre des Vacations sera distribué le jour de l'exposition.

Les numéros qui comprennent plusieurs dessins pourront être divisés.

TABLEAUX

CORRÉGE (Attribué à)

1 — Tête d'Ange.

FRAGONARD (Honoré)

2 — L'Heureuse Famille.

FÜGER

3 — Antigone.

LATOUR

4 — Portrait de Crébillon. (Pastel.)

LESUEUR (Attribué à)

5 — Mort d'un chartreux.

LUINI

6 — Sainte Cécile.

MENGS (Raphael)

7 — Portrait de l'amiral Tromp. (Pastel.)

8 — Portrait de Raphaël Mengs, par lui-même.

MIGNARD (Attribué à)

9 — Portrait de la duchesse Rohan de Guéménée.

ÉCOLE MODERNE

10 — Femmes assises.

ÉCOLE ALLEMANDE

DESSINS

ÉCOLE ALLEMANDE

ABEL (Joseph), de Vienne. 1768 + 1818

1 — Brutus jure, et fait jurer aux Romains d'exterminer
la famille des Tarquins.

Beau dessin à la plume, lavé d'encre et rehaussé de blanc, sur papier
bleu.

2 — Andromaque tombe évanouie en voyant le corps
d'Hector traîné par Achille.

Dessin exécuté à la pierre noire et rehaussé de blanc, sur papier bleu.

3 — Le Parnasse. Composition allégorique.

Beau dessin à la plume, lavé d'encre et rehaussé de blanc, sur papier
bleu.

4 — Socrate instruisant ses disciples.

Dessin à la plume et à la sanguine, rehaussé de blanc, sur papier bleu.

ACHEN (Hans Van), de Cologne. 1556 + 1621

5 — Les trois Parques.

Très-beau dessin à la plume, lavé de bistre. (Une épreuve de l'estampe
gravée par Sadeler est jointe au dessin.)

ACKERT ou HACKERT (Philippe). 1737+1807

6 — Vue de Frascati.

7 — Pêche à Ischia.

8 — Persano. Palais de Sa Majesté sicilienne.

9 — Vue de Caserte.

10 — Vue prise aux environs de Caserte.

Cinq très-beaux dessins à la plume, lavés de sépia.

ACKERT (Philippe). Attribué à

11 — Vues prises en Allemagne.

Deux beaux dessins à la plume, lavés d'aquarelle.

ALDEGRAEVER (Henri). 1502+1562

12 — Vieillard coiffé d'un turban.

Joli dessin à la plume sur papier teinté.

Sur la même feuille, une autre Tête d'homme, également à la plume, par Eiszapfen.

ALTDORFER (Albert) d'ALTDORF. 1488+1538

13 — Plusieurs paysages et sujets.

Sept dessins à la plume. Deux sont rehaussés de blanc, sur papier de couleur.

14 — La Sainte Vierge. Figure composée pour un vitrail.

Beau dessin à la plume.

15 — Jésus crucifié. On voit au pied de la croix la Sainte Vierge évanouie.

Très-beau dessin à la plume, lavé d'encre de Chine.

ALTDORFER (Albert) D'ALTDORF. 1488+1538

16 — Sainte femme portant un calice.

Beau dessin, exécuté à la plume et rehaussé de blanc, sur papier de couleur.

> Sur la même feuille : Un joli croquis. L'Annonciation.

17 — Intérieur d'une église.

Très-beau dessin à la plume, lavé d'encre de Chine.

AMBERGER (Christophe), de Nuremberg. 1490+1563
(Élève de Holbein.)

18 — Apollon et Daphné.

Dessin à la plume, rehaussé de blanc, sur papier de couleur.

19 — Un sujet ayant pour devise le mot : *Coquinaria*. Il représente des cuisiniers goûtant leurs mets.

Très-beau dessin à la plume, légèrement lavé d'aquarelle.

20 — Un porte-drapeau.

Joli dessin à la plume.

BACKHUYSEN (Ludolph). 1631+1709

21 — Trois dessins à la plume, légèrement lavés de sépia.

BALDONE (Hans) ?

22 — Une figure pour le Jugement de Salomon.

Beau dessin à la plume, rehaussé de blanc, sur papier de couleur.

23 — Deux croquis à la plume.

BARTSCH (Adam)

24 — Soldat blessé. — La Confession.

Deux dessins à la plume, lavés d'encre de Chine.

25 — Épisode de la guerre de Sept ans.

Dessin à la plume, lavé d'encre de Chine.

BEHAM (Barthélemy). 1500+1542?

(Élève d'Albert Durer et maître de Marc-Antoine.)

26 — La ville de Vienne assiégée par Soliman.

Superbe dessin à la plume, lavé d'encre de Chine.

BEHAM (Hans Sebald), de Nuremberg. 1500+1550

27 — Beau paysage à la plume, sur papier teinté.

BEHAM (Hans Sebald). Attribué à

28 — La mort d'un Chevalier.

Très-beau dessin à la plume, lavé d'encre de Chine.

BENCKLER-GOBSON

29 — Une Scène du Déluge.

Très-beau dessin à la plume, lavé d'encre et rehaussé de blanc, sur papier bleu.

BERGLER (Joseph), de Salzbourg. 1753+1829

30 — Les Grimpeurs.

Dessin à la plume, sur papier blanc. — Monogramme et daté 1804.

BRAND (Chrétien), de Vienne. 1722+1795

31 — Deux très-jolis paysages, à la pierre noire.

32 — Soldats de l'armée allemande.

Deux dessins à l'aquarelle.

33 — Paysages.

Trois jolis dessins à la mine de plomb.

BRAND (Frédéric-Auguste), de Vienne. 1735+1806

34 — Un portrait d'homme. — Une Chaumière sur le bord d'une route. — Joli paysage.

Deux dessins au pinceau, lavés d'encre de Chine.

35 — Portrait d'homme.

36 — Un paysage avec figures et animaux.

Dessin à la sanguine.

BURGKMAYR (Hans), d'Augsbourg. 1473+1559

(Élève et ami d'Albert Durer.)

37 — La Vierge et l'Enfant Jésus.

Très-joli dessin, exécuté à la sanguine, sur papier blanc.

38 — Un Porte-drapeau.

Très-beau dessin à la plume, rehaussé de blanc, sur papier teinté.

39 — La Sainte Vierge.

Joli dessin à la plume.

Sur la même feuille : Un charmant paysage, sujet biblique, à la plume, par Jean Lautensack.

40 — La Présentation au Temple.

Beau dessin à la plume, rehaussé de blanc, sur papier teinté.

BURGKMAYR (HANS), d'Augsbourg.

(Élève et ami d'Albert Durer.)

41 — Saint Jérôme.

Très-beau dessin à la pierre noire.

42 — Saint Benoît, sainte Marguerite.

Dessin à la plume, lavé d'encre de Chine.

43 — Le duc Sigismond, revêtu de son armure et représenté à genoux.

Joli dessin à la plume, légèrement lavé d'aquarelle.

CADES ?

44 — Deux sujets mythologiques.

Dessins à la plume, lavés d'aquarelle.

CRANACH ou KRANACK (LUCAS SUNDER, DIT). 1472+1553

45 — Un seigneur et sa dame conversant.

Charmant dessin à la plume, sur papier blanc.

46 — Le Christ mort, sur les genoux de la Vierge.

Beau dessin à la plume, rehaussé de blanc.

CURTY

47 — Vues de Suisse.

Quatre beaux paysages, dessinés à la plume et lavés d'encre de Chine.

DICHS. XVIIIᵉ siècle?

48 — Le goûter aux champs.

Dessin au pinceau, lavé de bistre.

49 — Mendiants au repos.

Beau dessin à la pierre noire.

DIETRICH (Chrétien-Gustave-Ernest), de Weimar.
1712+1774

50 — Paysage avec figures et animaux.

Très-beau dessin au pinceau, lavé d'encre de Chine.

51 — Nymphes au bain. — Vue des bords du Rhin.

Deux très-jolis dessins.

52. — Études d'animaux. Deux feuilles contenant :
10 motifs, dessinés d'après nature.

DIETZSCH (Jean-Christophe).

53 — Deux très-jolis paysages à la sanguine.

DONNAUER (Jean), xvie siècle.

54 — Le Christ condamné à mort.

Beau dessin à la plume, lavé d'encre.

DURER (Albert). 1471+1528

55 — Portrait de Michel Wolgemut (sic).

Admirable dessin exécuté à la plume et lavé d'aquarelle.

56 — Saint Jacques, apôtre.

Dessin de la plus grande beauté, exécuté au pinceau sur papier teinté camaïeu et rehaussé de blanc, signé et daté 1508.

57 — L'Enfant Jésus.

Charmant dessin à la plume, rehaussé de blanc, signé et daté 1495.

58 — Le Christ mis au tombeau.

Admirable dessin à la plume, signé et daté 1521.

59 — Portraits de seigneurs allemands.

Deux beaux dessins à la plume.
Au verso : quatre études importantes.

DURER (Albert). 1471+1528

60 — Motif d'ornement pour un casque.

Joli dessin à la plume.

61 — Portrait d'Érasme de Rotterdam.

Superbe dessin à la pierre d'Italie, sur papier blanc, daté 1520.

62 — Adam et Ève.

Très-beau dessin exécuté à la plume, sur papier teinté de sépia, signé et daté 1504.

63 — Étude d'ostéologie.

Très-beau dessin à la plume, lavé d'aquarelle, sur fond indigo, signé et daté 1523.

64 — Chevalier porte-étendard armé en guerre.

Très-beau dessin à la plume, d'une finesse de travail extraordinaire, signé et daté 1508.

65 — Tête d'Apôtre.

Très-beau dessin d'une exécution parfaite, au pinceau, rehaussé de blanc, sur papier camaïeu fond bleu, signé et daté 1508.

66 — Un jeune seigneur à cheval ayant sa dame en croupe.

Très-beau dessin à la plume, légèrement lavé d'aquarelle, sur papier blanc, signé et daté 1496.

67 — Costumes d'hommes de guerre.

Beau dessin à la plume, lavé d'aquarelle, sur papier blanc.

68 — Une dame de qualité; elle est représentée en pied, en riche costume orné de fourrures

Magnifique dessin, exécuté au pinceau et rehaussé de blanc, sur papier de couleur. Le chiffre d'Albert Durer et la date 1521 se voient à la partie supérieure de la droite.

69 — Tête de vieillard vue de profil.

Très-beau dessin, admirablement exécuté à la plume, sur papier blanc. Au verso, un autre joli dessin : Tête de jeune Fille.

DURER (ALBERT). 1471-+1528

70 — Portrait d'un mathématicien.

Dessin à la plume, lavé d'encre et rehaussé de blanc. Monogramme et date de 1506.

71 — Portrait de la fille d'Albert Durer.

Très-beau dessin à la pierre noire. Il porte le monogramme et la date de 1515.

72 — Dame de qualité en costume de cérémonie.

72 bis — Costumes finlandais ; deux dessins sur la même feuille.

Trois beaux dessins à la plume, lavés d'aquarelle, signés et datés 1517.

73 — Portrait d'un personnage inconnu.

Très-beau dessin à la pierre noire. Il porte le monogramme et la date de 1521. Au verso on lit : *Manu propria a Alberto Durero Norico.*

74 — Portrait de Henrich Morley.

Très-beau dessin à la pierre noire, sur papier teinté. Il porte le monogramme et la date de 1523.

75 — Portrait d'une jeune dame tenant son petit chien.

Très-beau dessin à la pierre noire, sur papier teinté (1525).

76 — Portrait de la mère d'Albert Durer, à l'âge de 63 ans, en 1514. Dessiné par son fils.

Magnifique dessin à la pierre noire.

77 — Le Siége d'une citadelle.

Très-beau dessin à la plume. Monogramme et date de 1512.

78 — Un saint Apôtre.

Superbe dessin à la plume, lavé d'encre et rehaussé de blanc. Il porte le monogramme du maître et la date de 1508.

79 — Une feuille contenant 9 très-jolis motifs.

Dessins à la plume (1521).

2

DURER (Albert). 1471+1528

80 — Diverses études de figures, à la plume, sur papier blanc.

Dessin signé et daté 1514.

81 — Études de fleurs et d'animaux.

Cinq dessins à l'aquarelle, sur vélin, signés et datés 1508-1521-1523-1526.

DURER (École d'Albert).

82 — Portrait de Michel Wolgemuth.

Dessin très-finement exécuté à la pierre noire et rehaussé de blanc, sur papier bleu.

83 — Une jeune martyre de la foi.

Joli dessin à la plume, rehaussé de blanc, sur papier teinté.

Sur la même feuille : un Guerrier armé de toutes pièces.

Très-joli dessin à la plume, rehaussé de blanc, sur papier teinté.

84 — Portrait d'un seigneur allemand.

Très-beau dessin colorié.

85 — Un très beau paysage à la plume.

Monogramme F. H. et date de 1500.

ELZHEIMER (Adam). 1574+1620

86 — Les Disciples d'Emaüs.

87 — La Multiplication des pains.

Deux jolis dessins lavés à l'encre de Chine.

ETTINGER

88 — L'Annonce aux bergers.

Beau dessin au pinceau, rehaussé de blanc, sur papier teinté.

FISCHER (Jacques).

89 — La Résurrection.

Bon dessin à la plume, lavé d'encre de Chine.

FRAISINGER (Gaspard) ?

90 — Jésus chez Simon le pharisien.

Beau dessin à la plume, lavé d'encre de Chine.

91 — La Sainte Famille.

Très-beau dessin au pinceau, lavé d'encre, sur papier teinté.

FROGER (Paul)

92 — Enfants adorant le petit saint Jean.

Joli dessin à la plume.

FUGER (Henri-Frédéric), 1751-1818
(Directeur du Musée de Vienne.)

93 — Laissez venir à moi les petits enfants. — Saint Jean dans le désert. — Adieux d'Hector et d'Andromaque. — Mort de Virginie. — Sujets de l'histoire de Médée. — Orphée. — Statue d'Hercule. — Portrait de la femme de Fuger (actrice célèbre).

Treize dessins à la plume, lavés d'encre; on y a joint le portrait gravé de Fuger.

94 — Six très-beaux dessins.

Compositions, paysages et études, exécutés à la plume, à la pierre noire et rehaussés de blanc.

GAMPERLEIN

95 — Le Sacrifice d'Abraham.

Beau dessin à la plume, lavé d'encre de Chine. Il porte un monogramme et la date 1521.

96 — Portrait d'homme tenant dans sa main une boussole.

Très-beau dessin, admirablement exécuté à la plume, sur papier blanc. Il porte le monogramme du maître.

GENIN DE CAMERUCK

97 — Anges et saints adorant Jésus crucifié.

Très-beau dessin à la plume, lavé d'encre et rehaussé de blanc.

GERTZ (George)

98 — Nobles personnages priant au pied de la croix sur laquelle Jésus est crucifié.

Beau dessin à la plume, lavé d'encre.

GESSNER (Salomon), de Zurich. 1734+1788

99 — Vues des montagnes du Tyrol.

Deux très-belles gouaches.

100 — Deux très-beaux paysages avec figures (sujets mythologiques.

Dessins à la plume lavés d'encre et de sépia.

GOETTING (Andreas).

101 — Supplice de plusieurs martyrs de la foi.

Très-beau dessin à la plume, lavé d'aquarelle.

GOUDT (Henri), d'Utrecht. 1625?

102 — Paysages avec fabriques et figures.

Exécutés au pinceau, lavés d'encre de Chine et rehaussés de blanc, sur papier teinté.

103 — Paysages historiques.

Deux jolis dessins à la plume, lavés d'encre de Chine.

GOUST (Hugo van der) XVIᵉ siècle.

104 — Un Moine endormi.

Joli dessin à la plume.

Sur la même feuille : Une Sainte Famille. Très-joli petit dessin à la plume, légèrement lavé à l'encre de Chine et attribué à Perin del Vaga.

GUEBSERS (Hans)

105 — Un prince allemand auquel on présente des prisonniers.

Beau dessin à la pierre noire, sur papier bleu.

HAUER

106 — Un Paysage.

Dessin à la plume.

Sur la même feuille : Un autre dessin à la plume, très-finement exécuté; il représente un Vaisseau.

HAUTZ, de Nuremberg. 1700?

107 — La Flagellation. Le Calvaire. (Deux compositions différentes.)

Trois beaux dessins à la plume, lavés d'encre et de sépia, et rehaussés de blanc.

HEBENT (W.)

108 — Jésus crucifié. Au pied de la croix, la Vierge et saint Jean.

Très-beau dessin à la plume, sur papier blanc. Il est signé et daté 1517.

109 — Saint Sébastien.

Joli dessin à la plume sur papier blanc. — Il porte le monogramme du maître et la date 1509.

Sur la même feuille : *Frappement du rocher.*

Dessin à la plume par un maître inconnu.

HEINZ (Joseph), de Bâle. 1565+1609

110 — Dessin pour un bas-relief, d'après Polydore.

111 — Plusieurs études à la plume.

Lavées de bistre.

112 — Dessins exécutés d'après Paul Véronèse, Polydore de Caravage et Speccard. Les autres d'après les propres compositions de Joseph Heinz.

Sept beaux dessins à la plume, lavés d'encre, de bistre, et rehaussés de blanc.

HELSENOR (Pierre-Isaac d')

113 — Saint Jean baptisant Jésus-Christ.

Superbe dessin à la plume, lavé de bistre et d'aquarelle.

HOLBEIN (Hans), d'Augsbourg. 1498+1554

114 — Attaque d'une citadelle.

Admirable dessin, exécuté à la plume.
Ce dessin est un chef-d'œuvre ; l'immense quantité des personnages, la vérité des costumes, le mouvement général de la composition, en font une œuvre capitale (hauteur 0,070, largeur 0,255).

HOLBEIN (HANS), d'Augsbourg

115 — Apollon Pythien. Il est représenté sur un piédesta
au bas duquel sont deux Amours montés sur des
dauphins.

Superbe dessin à la plume, lavé d'aquarelle. Il est signé et daté 1531.

HOLBEIN (Attribué à HANS.)

116 — L'Annonciation.

Beau dessin à la plume, sur papier teinté.

HOLBEIN (École de).

117 — Portraits en pied d'Alphonse, roi de Portugal, et
de Jacques Ier, roi d'Écosse.

Deux beaux dessins, lavés d'aquarelle et de gouache, sur vélin.

HOPFER (GUILLAUME-LOUIS). 1648+1698

118 — Une figure allégorique.

Beau dessin à la plume.

HUS (PIERRE)

119 — Animaux fantastiques.

Beau dessin, très-finement exécuté à la plume. Il porte le monogramme du
maître et la date 1568.

KAUFFMANN (MARIE-ANNE-ANGÉLIQUE-CATHERINE), dite Angelica, de Coire. 1741+1807

120 — Vénus, Junon et l'Amour.

Joli dessin à la plume, lavé d'encre de Chine.

KEMPENER (Pierre de)

121 — Deux Études académiques sur la même feuille.

Exécutées à l'encre de Chine, rehaussées de blanc, sur papier bleu.

KOBELL (Ferdinand), de Manheim. 1740+1796.

(Élève de Dietrich.)

122 — Une Tempête. Vue prise sur les bords du Rhin.

Beau dessin à la plume, lavé d'aquarelle.

123 — Cascade et chute d'eau à l'entrée d'une forêt.

Joli dessin à la gouache et à l'aquarelle.

KOBELL (François)

124 — Deux très-beaux paysages.

A la plume, lavés de bistre et rehaussés de blanc.

KOFFLER (Nicolas)

125 — Un paysage avec figures et animaux.

Belle aquarelle gouachée.

126 — Études d'arbres dessinés d'après nature.

Deux dessins à la pierre noire.

127 — Deux autres études également exécutées à la pierre noire.

KOOCH (Henri)

128 — Décorations de jardins; riche architecture.

Trois jolis dessins à la plume, lavés de bistre et rehaussés de blanc, sur papier teinté.

KRAFT, de Vienne. 1809

129 — Adam et Éve chassés du Paradis terrestre.

Très-beau dessin à la pierre noire.

KULMBACH (Jean de)

130 — Jésus crucifié entre les deux larrons. — Jésus mis en croix.

Deux jolis dessins, très-finement exécutés à la plume, sur papier blanc.

LINDER (Franz)

131 — Tête de vieillard.

Joli dessin aux trois crayons.

LODER

132 — Études académiques.

Deux dessins à la pierre noire, rehaussés de blanc, sur papier de couleur.

LUTHERBOURG (Philippe-Jacques).

133 — Bestiaux passant un gué.

Joli dessin à la pierre noire, rehaussé de blanc, sur papier bleu.

MALVIEUX

134 — Deux portraits.

Bons dessins à la sanguine.

MAYER (Rodolphe), de Zurich. 1605+1638

135 — Une femme vient implorer un monarque au milieu de son camp.

Très-beau dessin à la plume, rehaussé de blanc, sur papier teinté.

MELCRE (H.)

136 — Tête de Gorgone.

Dessin à la pierre d'Italie, rehaussé de blanc, sur papier teinté.

MÉRIAN (Marie-Sybille). 1647+1717

137 — Fleurs et fruits.

Beau dessin à l'aquarelle, sur vélin.

MODE (Hugo de la) peintre verrier. 1614

138 — Une femme allaitant son enfant.

Joli dessin à la plume, lavé de sépia et rehaussé de blanc, sur papier de couleur.

MOSSAERT (Antoine),

139 — Scène mythologique.

Dessin à la plume, lavé d'encre de Chine.

OELGAST (Thomas ou Tobie.

140 — Jésus crucifié.

Dessin à la plume, sur papier blanc.

PALKO ou BALKO, de Breslau. 1724+1767.

141 — La Sainte Famille.

Joli dessin à la plume, lavé d'encre de Chine et rehaussé de blanc.

PENCZ (George), de Nuremberg. 1500+1556.

142 — Tête d'un supplicié.

Dessin à la pierre noire, sur papier teinté.

PLATZER (Joseph)

143 — Vue intérieure d'une ville d'Allemagne.

Très beau dessin à la plume, lavé d'aquarelle.

POUBS (Daniel)

144 — Un guerrier allemand ; costume du moyen âge. Il
est représenté à cheval et revêtu de son armure.

Beau dessin à la plume, rehaussé de blanc, sur papier teinté. Il est signé
et daté 1552.

PRENNER (Antoine-Joseph de). 1698+1761

145 — Un champ de bataille.

Très-joli dessin à la sanguine, sur papier blanc.

QUERFUT (Auguste). 1696+1761

146 — Choc de cavalerie.

Beau dessin au pinceau et à l'encre de Chine.

REICHBERGER (François)

147 — Un joli paysage.

Dessin à l'encre de Chine.

Sur la même feuille : Un autre personnage, par
Legros.

Joli dessin à la sépia, rehaussé de blanc.

148 — Deux très-beaux paysages.

A la sépia.

149 — Paysage avec figures.

A la plume, lavé de sépia.

REFFENSTEIN (Michel), de Berlin.

150 — Jésus au Jardin des Olives.

Très-joli dessin à la plume, rehaussé de blanc, sur papier teinté.

Sur la même feuille : Un paysage également à la plume, sur papier teinté.

RIEDINGER (Jean-Elie). 1695+1757

151 — Chien et Attributs de chasse.

Joli dessin à la pierre noire, rehaussé de blanc, sur papier bleu.

152 — Combat de cavalerie et pansement de blessés.

Deux beaux dessins à la sanguine.

153 — Une dame à cheval; elle porte un masque grotesque.

Bon dessin à la sanguine.

ROOS (Jean-Henri). 1631+1685

154 — Site montueux.

Joli paysage à la plume, très-finement lavé d'encre de Chine.

155 — Autre Paysage avec figures et animaux.

Joli dessin au pinceau et à l'encre de Chine.

156 — Vue d'une ville d'Allemagne, située sur le bord d'un fleuve.

Très-beau dessin à l'encre de Chine.

ROTTENHAMER (Jean) de Munich. 1564+1604

157 — Loth et ses filles. — Les trois Vertus théologales. — Étude d'Ange.

Trois jolis dessins à la plume, lavés de bistre et d'encre de Chine.

158 — Bas-relief contenant divers sujets mythologiques.

Grand et beau dessin à la plume, lavé d'encre de Chine.

ROUSSEN (M.)

159 — Un Combat naval.

Très-beau dessin à la plume, lavé de bistre et rehaussé de blanc.

RUGENDAS (Georges-Philippe), d'Augsbourg. 1666+1742

160 — Batailles. — Sujets divers. — Études de Chevaux et de Paysages.

Cinquante-un dessins à la plume, au bistre, à l'encre de Chine, etc.

RUSS (Charles)

161 — Une scène du Déluge.

162 — Saint Augustin et un enfant au bord de la mer.

Deux beaux dessins à la plume, lavés d'encre de Chine et rehaussés de blanc, sur papier teinté.

SCHALLHAS (Charles), de Presbourg. 1767+1797

163 — Deux très-beaux Paysages.

Au pinceau lavés de sépia.

SCHAUFFLEIN (Hans), de Nuremberg.

(Élève d'Albert Durer.)

164 — Jésus et la Samaritaine.

Beau dessin à la plume, rehaussé de blanc, sur papier teinté.

SCHYRER (Frantz)

165 — Deux Paysages.

Lavés d'encre de Chine et rehaussés de blanc.

SCHIUELT (Hans) où SCHIVELT

166 — Une Femme à genoux, implorant Jésus.

Beau dessin à la plume, sur papier blanc. Il porte le monogramme du maître et la date de 1510.

SCHOEN (Erhard), florissait à Nuremberg en 1538

167 — Le Christ en croix.—A droite et à gauche, la Vierge et saint Jean, dans un rinceau d'ornements.

Joli dessin à la plume, légèrement lavé d'aquarelle.

168 — L'Adoration des Mages.

Beau dessin à la plume, lavé d'encre de Chine.

SCHOENGAUER (Martin), de Kulmback. 1420+1486

169 — Sainte Marguerite.

Très-beau dessin à la plume, lavé d'indigo, rehaussé de blanc, sur papier teinté.

170 — Un Guerrier revêtu de son armure moyen âge.

Beau dessin à la plume, lavé d'encre de Chine.

171 — L'Adoration des Anges. — Le Couronnement de la Vierge.—Le Christ sur les genoux de Dieu le Père.

Trois jolis dessins à la plume, légèrement lavés de bistre et rehaussés de blanc.

SCHONGAUER (Martin) Attribué à

172 — Une Feuille composée de deux dessins, représentant diverses figures d'Apôtres. (Voir au verso six autres figures.)

Jolie feuille, exécutée à la plume et lavée d'encre de Chine.

SCHONGAUER (Martin) Attribué à

173 — Saint Christophe portant l'Enfant Jésus.

Jolie dessin à la plume, lavé d'encre de Chine et rehaussé de blanc.

SCHMUTZER

174 — Portraits de Schmutzer et de sa fille.

Trois dessins à la sanguine.

SCHUTZ ou SCHYTZ (Charles), de Vienne. XVIIIe siècle.

175 — Ruines d'architecture.

Joli dessin à la plume, lavé d'encre de Chine.

SCHWARTZ (Christophe), d'Ingolstadt. 1550+1594

176 — Baptême d'un Néophyte.

Très-beau dessin à la plume lavé d'encre de Chine.

177 — La Chute des réprouvés.

Dessin à la plume, lavé d'encre de Chine.

178 — Composition religieuse pour une coupole.

Très-beau dessin à la plume, lavé de carmin et rehaussé de blanc.

SIMON (André), de Goettingue.

179 — Deux Compositions historiques.

Dessins à la plume, lavés d'aquarelle.

SOLIS (Virgile) 1514+1562.

180 — Deux jolis Dessins à la plume, légèrement lavés
     d'aquarelle.
     Sur la même feuille, un autre joli dessin attribué à
     Rosenbaum.

SOLIS (Virgile)

181 — Tête de femme avec une coiffure allemande.

Dessin à la plume, lavé de bistre.

SMYTS (Hans)

182 — Composition allégorique.

Dessin à la plume, lavé d'encre et rehaussé de blanc, sur papier teinté.

SPECART (Jean).

183 — Les Titans voulant escalader le ciel.

Deux très-beaux dessins à la plume, lavés d'encre et rehaussés de blanc.

184 — Les Adieux d'Hector et d'Andromaque.

Beau dessin à la plume, lavé de bistre.

185 — Jésus portant sa croix.

Joli dessin à la plume, lavé d'encre de Chine.

STOSS (François)

186 — Un crucifiement, composition dans la manière de Lucas de Leyde.

Dessin à la pierre noire, sur papier blanc.

VERSCHAFFELT (Pierre)

187 — Edifices en ruines.

Deux très-beaux dessins à l'aquarelle.

WAGENER (Jean-Georges) 1642+1686.

188 — Paysages avec Figures et Animaux.

Deux très-beaux dessins, lavés de sépia.

WEIROTTER (François-Edmond) 1730+1771]

189 — Deux Paysages à la sanguine et à la pierre noire, légèrement lavés de bistre.

WERSTATTEN

190 — Deux jolis Paysages avec Figures et Animaux, au pinceau et à l'aquarelle.

WICKAERT

191 — Chaumière sur le bord d'une route.

Très-joli paysage, lavé d'encre de Chine.

WOHLGEMUTH (Michel), Attribué à

192 — La Vierge et l'Enfant Jésus sous un dais.

Joli dessin, exécuté à la plume et lavé de bistre. Monogramme et date de 1485.

WUTKI (Michel) 1739+1822

193 — Paysages. — Sujets différents et Études d'arbres.

Seize beaux dessins à l'aquarelle et aux divers crayons.

Portrait de Wutki.

Dessin à la pierre noire, par Boacker.

194 — Ruines d'un Temple.

Dessin à l'aquarelle.

195 — Paysage avec Fabriques.

Étude peinte à l'huile.

196 — Une Chute d'eau.

Dessin à la pierre noire.

3

ZING (ADRIEN)

197 — Paysages avec Figures et Animaux.

Deux très-jolis dessins à la plume, lavés d'encre de Chine.

ANONYME (École de LUCAS, DE LEYDE)

198 — Deux jolis petits Dessins à la plume et à l'encre de Chine, rehaussés de blanc.

ANONYME du commencement du XVe siècle.

199 — Un homme à cheval.

Très-curieux dessin à la plume, rehaussé de blanc, sur papier teinté.

ANONYMES de l'École Allemande, commencement du XVIe siècle.

200 — Trois jolies Études à la plume, rehaussées de blanc sur papier teinté.

201 — Un Seigneur à cheval, en habit de parade.

Curieux dessin à la plume, rehaussé de blanc, sur papier teinté.

ANONYMES de l'École Allemande.

202 — Deux très-jolis Paysages à la pierre noire et à la plume, sur papier teinté.

203 — Sigismond, roi des Romains et deux autres personnages (1424).

Curieux dessin à la plume, lavé d'encre de Chine.

204 — La Foi. — L'Espérance.

Deux dessins à la plume, sur papier bleu.

205 — La Vierge pleurant la mort du Christ.

Beau dessin à a plume, lavé d'encre de Chine.

206 — Très-beau paysage à la plume.

ÉCOLES FLAMANDE & HOLLANDAISE

ÉCOLES FLAMANDE & HOLLANDAISE

ARTOIS (Jacques Van)

207 — Paysage orné de figures.

Joli dessin à la plume, lavé de sépia.

BALDUNG (Hans) xvie siècle.

208 — Sujet mythologique. Un Homme combattant les Harpies.

Beau dessin à la plume. Il porte le monogramme et la date de 1537.

209 — Académies d'hommes et de femmes. Deux savantes études.

Très-beaux dessins exécutés à la plume, lavés d'encre de Chine et rehaussés de blanc. Le monogramme et la date de 1533 se voient au bas, à la droite du dessin.

BALEN (Henri Van). 1560✝1632

210 — La Vierge et l'Enfant Jésus.

Joli dessin à la plume lavé de sanguine et rehaussé de blanc.

211 — Ecce homo.

La Flagellation.

Apparition de la Sainte-Vierge.

Trois beaux dessins à la plume, lavés de bistre et rehaussés de blanc.

BANCK (Jean Van der)

212 — Les Dieux de l'Olympe.

Charmant dessin à la plume, légèrement lavé d'aquarelle. Composition pour un plafond. (Collection Crozat.)

BARTHOLOMÉE

213 — Paysage avec Fabrique et Figures.

Joli dessin à la plume, légèrement lavé d'indigo.

BÉER (ARNOLD VAN) d'Anvers. 1490+1542

214 — Apparition de la Sainte Vierge.

Très-beau dessin, composé d'un grand nombre de figures, de motifs d'architectures et d'ornementations.

BEER (JEAN DE)

215 — Feuille d'études de têtes.

Beau dessin à la plume rehaussé de blanc, sur papier de couleur.

BEUM (NICOLAS DE)

216 — L'Épouilleuse.

Joli dessin à la pierre noire. Il est signé et daté : *Amsterdam*, 1599.

Sur la même feuille, un dessin lavé d'aquarelle et attribué à Jean Van Eyck.

BLOEMEN (PIERRE VAN). 1658+1713

217 — Un Cavalier prêt à monter à cheval.

Joli dessin à l'encre de Chine.

BLOEMART (ABRAHAM)

218 — Le Passage de la mer Rouge.

Saint-Antoine.

Figures diverses. Costumes.

Femme implorant la clémence d'un guerrier.

Beaux dessins à la plume, lavés de bistre et rehaussés de blanc.

BOL (Jean). 1534+1593

219 — Vue de Dordrecht.

Foire de village.

Tournoi de chevaliers.

Vues de châteaux.

Paysages et Vues diverses.

Charmants dessins à la plume, lavés d'encre de Chine, signés et datés 1582.

BOOM (A. Van). XVIIᵉ SIÈCLE

220 — Étude d'arbre.

Dessin à la plume, lavé de bistre.

BOSCHE (Balthasar Van Den). 1675+1715

221 — Gueux et leurs enfants.

Beau dessin au crayon de sanguine. Il porte le monogramme de l'artiste.

BOTH (André). 1610+1650

222 — Une Marine.

Joli dessin à la plume, légèrement lavé de sépia.

BRAGE (Bernard de)

223 — Une sainte Martyre.

Beau dessin à la plume rehaussé de blanc, sur papier bleu.

BRAUWER (Adrien). 1608+1640

224 — Joseph et la femme de Putiphar.

Beau dessin à la plume, lavé de bistre.

224 bis — Réunion de paysans dans la boutique d'un boucher.

Dessin à la plume, lavé d'encre de Chine. (Il est signé.)

BREUGHEL (JEAN) dit de VELOURS. 1568+1622

225 — Vue prise dans le Tyrol.

Très-beau dessin à la plume, lavé de bistre.

225 bis — Vue de Basrode.

Beau dessin très-finement, exécuté à la plume.

BREUGHEL (PIERRE).

226 — Danse de paysans.

Très-beau dessin à la plume, lavé d'indigo.

227 — Cinq allégories : La Foi, — l'Espérance, — le Courage, — la Justice, — la Fin.

Très-beaux dessins, finement exécutés à la plume. Signés et datés 1558 à 1560.

228 — Croquis, Vues, Paysages et Compositions diverses.

Vingt très-beaux dessins, finement exécutés à la plume, la plupart signés et datés 1558 à 1560.

BRIL (MATHIEU) d'Anvers. 1550+1584

229 — Vues de Rome, de Venise, de Naples, de Prague, etc. Chasses, Paysages et Compositions diverses.

Cinquante-trois très-beaux dessins à la plume, la plupart lavés d'aquarelle. — C'est la plus belle et la plus nombreuse réunion de dessins de ce maître que nous ayons jamais rencontrée; tous sont dignes de figurer dans les meilleures collections.

BRIL (PAUL) d'Anvers. 1556+1626

230 — Ruines, Paysages, Chasses.

Six beaux dessins à la plume, lavés de bistre et d'aquarelle.

BROECRE (Crépin Van den), Anvers. 1530 + 1575

231 — Composition allégorique.

Dessin à la plume, lavé d'encre de Chine.

232 — Adam et Ève.

Curieux dessins à la plume et à l'encre de Chine, rehaussés de blanc, sur papier teinté.

CALVART (Denis). 1565 + 1619

(Il fut le fondateur de l'École bolonaise et le maître du Guide, du Dominiquin et de l'Albane.)

233 — Un Evêque donnant l'aspersion.

Beau dessin à la pierre noire, rehaussé de blanc, sur papier blanc.

CLEEF (Henri Van), d'Anvers. 1510 + 1589

234 — Paysages, Marines, Vues diverses, etc.

Neuf très-jolis dessins à la plume, légèrement lavés d'aquarelle. Monogramme avec la date de 1585.

234 bis — Un Paysage.

Très-beau dessin à la plume, légèrement lavé d'indigo.

COXCIE (Michel). 1497 + 1592

235 — Allégories sur la mort et sur la vie.

Deux beaux dessins à la plume.

236 — Le Triomphe de la mort. — Le Triomphe de la vie.

Deux beaux dessins à la plume. Monogramme et date de 1566.

COLINS (Daniel).

237 — Figures d'après l'antique.

Deux dessins à la plume.

COLLARD (Jean) et LEEUW (Gabriel Van der)

237 bis — Motif d'orfévrerie.

Charmant dessin, d'une grande finesse d'exécution, à la plume et à l'aquarelle.

238 — Lucrèce.

Très-joli dessin à la plume.

COLLIN (Richard).

239 — La Vierge et l'Enfant Jésus.

Joli dessin à la plume, lavé de bistre et rehaussé de blanc.

CORNELIS (Corneille Van Harlem, dit) 1562+1638

240 — Un Paysage. Vue prise sur les bords d'un lac.

Joli dessin à la plume.

CORT (Cornélius),

241 — Marine et Paysages.

Trois jolis dessins à la plume.

DIEPENBECK (Abraham Van), 1607+1675

(Élève de Rubens.)

242 — Frontispice pour un livre.

Beau dessin à la plume, lavé de sépia et d'encre de Chine.

242 bis — Chasse au cerf.

Dessin à la plume, lavé d'encre de Chine.

DUFFELER (Pierre). Bruxelles

243 — Intérieur d'une forêt.

Dessin à la plume. Il est signé.

DYCK (Antoine Van). 1599+1641

244 — La sainte Famille.

Charmant dessin, exécuté au pinceau à la sanguine.

245 — Saint François adorant la Sainte Vierge et Jésus.

Très-beau dessin à la plume, lavé d'indigo.

246 — Les Pères de l'Église.

Joli croquis à la plume lavé de bistre.

EYCK (Hubert Van), Maseyck. 1366+1426

247 — Allégorie sur la Peinture.

Joli dessin à la plume, lavé de bistre.

248 — La Femme adultère.

249 — 2 Études. — Costumes de femmes en manteau.

250 — Les Mages adorant l'Enfant Jésus.

Beau dessin à la plume, légèrement lavé de bistre.

251 — Une jeune femme debout près d'un berceau.

Charmant dessin, très-finement exécuté à la plume.

EYCK (Jean Van) XVᵉ siècle

252 — Saint Christophe portant l'Enfant Jésus,

Sur la même feuille, un saint Evêque, par Martin Schoen.

Deux curieux dessins, très-finement exécutés à la plume.

FEDDES (Pierre) ou PIERRE DE HARLINGEN. 1588+1634

253 — Saint Paul.

Dessin à la plume.

FLORIS (François de Vriend, dit Frank), d'Anvers.
1520+1570

254 — Adam et Ève chassés du Paradis.

Beau dessin à la plume, sur papier bleu, lavé d'encre de Chine et rehaussé de blanc.

255 — Le Christ mort sur les genoux de Dieu le Père, entouré d'anges portant les instruments de la Passion.

Beau dessin à la pierre noire.

FOCK (Herman). 1766+1822

256 — Un très-beau Paysage à la plume.

Il est signé.

FRANCK (Ambroise)

257 — L'Ensevelissement du Christ.

Bon dessin à la plume, lavé de bistre.

FRANCK (François). Vivait en 1642

258 — Eliézer et Rébecca.

Mucius Scævola.

Deux dessins à la plume, lavés de bistre, sur la même feuille.

FRANCK (Jérome)

259 — Saint Jean prêchant.

Superbe dessin du plus précieux fini ; il est exécuté à l'aquarelle et à la gouache, sur vélin.

FRANCK (SÉBASTIEN). 1575+1636

260 — Une chasse au cerf.

Bon dessin, finement exécuté à la plume et lavé de bistre.

GEERARTS (MARC), de Bruges.

261 — Figures symboliques.

Deux dessins à la plume.

GEERT (A. VAN), de Bruges

262 — Vue d'un château situé à l'entrée d'une ville.

Très-beau dessin à la plume.

GEHRART (VAN)

263 — Supplice d'un martyr.

Dessin à la plume, lavé d'encre de Chine.

GENT (GASPARD VAN)

264 — Un Chevalier, costume du moyen âge.

Beau dessin à la pierre noire.

GHENT (HANS VAN)

265 — Groupe composé de cinq figures.

Bon dessin, lavé de bistre, rehaussé de blanc, sur papier bleu.

GHEYN (JACQUES DE). 1565+1625

266 — Étude mythologique.

Bon dessin.

267 — Joli Paysage à la plume.

268 — Deux Paysages à la plume, sur la même feuille.

GOLTZIUS (HENRI). 1558+1617

269 — L'Annonciation.

270 — Les Anges du jugement dernier.

Deux dessins sur la même feuille.

271 — Figures allégoriques.

Bons dessins à la plume et au bistre.

GOLTZIUS (HENRI). Attribué à

272 — Saint Sébastien.

Dessin à la plume, sur papier teinté.

273 — Tête d'homme. Suzanne entre les deux vieillards.

Deux jolis dessins à la plume.

GOLTZIUS (École de)

274 — La Résurrection de la Vierge.

Très-beau dessin à la plume, lavé d'aquarelle.

GOSSAERT (JEAN), dit DE MABUSE. 1499+1562?

275 — Décollation de Saint Jean-Baptiste.

Très-beau dessin à la plume, rehaussé de blanc, sur papier de couleur.

GOYEN (JEAN VAN), de Leyde. 1596+1656 ou 1666

276 — Pêcheurs au bord de la mer.

Joli dessin à la pierre noire, lavé à l'encre de Chine.

HARLEM (HENRI VAN)

277 — Deux Marines, sur la même feuille.

Jolis dessins à la plume, lavés d'aquarelle. Signés.

HEEMSKERK (Martin). 1498+1574

278 — Le Jugement dernier.

279 — Orphée tué par les femmes de Thrace.

Bons dessins à la plume, lavés d'encre de Chine.

280 — Une Tête de cheval.

HERDENBERG ?

281 — Ruines d'un Palais romain.

282 — Paysage historique.

Bons dessins à la plume, lavés d'encre de Chine.

HERTZOG (Hans) ?

283 — Paysage.

Très-joli dessin à la plume. Il est signé.

HOEFNAGHEL (Georges), d'Anvers. 1545+1600

285 — Tête de vieille Femme et une autre Tête sur la même feuille.

286 — Un superbe Dessin, très-finement exécuté à la plume et à l'aquarelle, représentant un des Palais des rois d'Angleterre.

Il est signé et porte cette légende : *Palatium regium in Angliæ regno, quod appellantur Nonciutz, quasi nusquam simile. — Londini, aᵒ 1568.*

287 — Deux Paysages, sur la même feuille.

Jolis dessins à la plume, lavés de bistre.

HONDIUS (Dufel). 1573

288 — Un cavalier. A la plume, lavé de bistre.

Bon dessin. Signé.

HOUBRAKEN (Arnold). 1660+1709

289 — Reniement de saint Pierre.

Joli dessin, finement exécuté à la plume, lavé d'encre de Chine.

JANSCHA (Laurent)

290 — Deux très-jolies petites vues de Suisse, à l'aquarelle et à la gouache.

JANSON (Jacques) 1729+1784

291 — Paysage avec figures et animaux.

Très-joli dessin à la plume et à l'aquarelle. Il est signé et daté 1776.

JANSSENS (Abraham), d'Anvers

292 — Un Sujet mythologique.

Très-beau dessin à la plume, lavé d'encre de Chine et rehaussé de blanc, sur papier bleu.

JANSSENS (Attribué à)

293 — Plusieurs motifs d'Ornements.

Très-jolie feuille contenant six charmants dessins à la plume, lavés d'encre de Chine.

JORDAENS (Jacques), d'Anvers. 1594+1678

294 — Deux Portraits à la pierre noire, rehaussés de blanc.

295 — Jupiter et Mercure chez Philémon et Baucis.

Joli dessin à la plume, lavé de sanguine.

296 — L'Ivresse de Silène.

Beau dessin à la sanguine.

KAGER (Matthieu). 1566+1634

297 — L'Amour enchaîné par Minerve, et un autre dessin sur la même feuille, finement exécutés à la plume.

298 — Apollon et Daphné.

Joli dessin à la plume, lavé d'encre de Chine.

KIRBERGER

299 — Décollation de saint Jean-Baptiste.

Bon dessin à la plume, rehaussé de blanc, sur papier de couleur.

KOEK (Pierre). 1500+1550

300 — La Flagellation.

Beau dessin à la plume, lavé de bistre.

LAMBERT-LOMBARD (Lambert-Susterman, dit), de Liége

301 — Plusieurs personnages en extase à la vue de l'ascension du Christ.

Très-beau dessin à la plume, lavé d'encre, rehaussé de blanc sur papier teinté.

LANCELOT ou BLONDEEL DE BRUGES. 1495+1560

302 — Paysage.

Joli dessin à la plume.

LANGENDIK (Thierry), de Rotterdam. 1748+1805

303 — Généraux se concertant pendant le combat.

Très-joli dessin à la plume, lavé d'encre de Chine.

4

LEYDE (Lucas. de). 1494 ✝ 1533

304 — Têtes de femmes.

Très-joli dessin à la plume.

LEYDE (Lucas de). Attribué à

305 — Saint Jérôme.

Beau dessin à la plume, lavé de bistre.

LIVENS (Jean), de Leyde

306 — Jeune homme et jeune dame conversant.

Joli dessin à la plume.

MAES (Hans)

307 — Léda.

308 — Sujet mythologique.

Jolis dessins à la plume, lavés d'encre de Chine et rehaussés de blanc.

MABUSE (Jean Gossaert, dit de)

309 — Femme endormie.

310 — Ruines du Colysée.

Très-bons dessins à la plume.

MANDER (Charles Van). 1548 ✝ 1606

311 — Un Festin.

Très-beau dessin à la plume, lavé de sépia et rehaussé de blanc.

MANSVELT (Van)

312 — Paysage.

Joli dessin à la sépia.

MECKEN (ISRAEL, dit VAN)

313 — Une sainte femme tenant un livre.

Très-beau dessin, d'une parfaite exécution, à la plume et à l'encre de Chine.

METZYS (QUENTIN), d'Anvers. 1450—1529

314 — Le Christ mort.

Beau dessin, composé d'un grand nombre de figures, très-finement exécutées à la plume.

315 — Le Christ au tombeau.

Beau dessin, admirablement exécuté à la plume.

316 — Une dame priant.

Beau dessin à la pierre noire, sur papier teinté.

317 — La sainte Vierge et les saintes Femmes contemplant le corps de Jésus mort.

Très-beau dessin à la plume.

318 — Étude pour une autre composition du même sujet.

Bon dessin au crayon, légèrement lavé de bistre.

319 — Portrait d'une abbesse.

Beau dessin à la pierre noire, sur papier teinté.

MEULEN (VAN DER)

320 — Halte de cavaliers. — Choc de cavalerie. — Loth et filles. — Études d'Anges.

Quatre dessins, dont deux au pinceau sur papier de couleur; les deux autres à la plume.

321 — Halte de cavaliers.

Beau dessin à la pierre noire, sur papier bleu.

MOLYN (Pierre)

322 — L'Intérieur d'un village au bord de la mer.

Joli dessin à la plume, lavé d'aquarelle.

MORAU (Risac de)

323 — Deux saints Évêques ; ils sont représentés en pied.

Beau dessin à la plume, rehaussé de blanc sur papier teinté.

MOSTAERT (François)

324 — Village hollandais, près d'un lac et d'une grande route.

Joli dessin à la plume, lavé d'aquarelle.

MOSTAERT (Gilles)

325 — Les quatre Évangélistes.

Beau dessin à la plume, lavé de bistre (avec le monogramme G. M.).

326 — La Cène.

Très-beau dessin à la plume, lavé de sépia.

ORLEY (Bernard Van), de Bruxelles. 1490+1560

327 — Une dame de qualité en prières.

Magnifique dessin, très-finement exécuté à la plume.

OSTADE (Isaac Van), de Lubeck. 1612+1671

328 — Pêcheurs aux bords d'une rivière.

Joli dessin à la pierre noire, lavé d'encre de Chine.

PIETERZEN (Gerrit), d'Amsterdam. XVIe siècle

329 — Saint Jean prêchant.

Beau dessin à la plume et au bistre. Signé et daté 1594.

PORBUS (François, dit le Vieux). 1540†1580

330 — La Femme adultère.

331 — La Madeleine.

332 — Figure allégorique.

Trois très-bons dessins.

333 — Sujets du Nouveau-Testament.

Quatre jolis dessins sur la même feuille, à la plume et lavés d'encre de Chine.

REMBRANDT (Van Ryn)

Un Portefeuille contenant 116 Dessins fixés sur 71 feuilles. Ils représentent des compositions, des études de figures et de paysages.

Ces Dessins sont tous inédits, d'une conservation parfaite, et du plus grand intérêt pour MM. les Amateurs et MM. les Artistes.

334 — Le Maître d'École. — La Provocation.

Deux beaux dessins à la plume.

335 — Le Coucher. — L'aumône.

Deux dessins à la plume.

336 — Philosophe en méditation. — Un Dessinateur. — Buste de Vieillard.

Trois jolis dessins à la plume.

337 — Pêcheurs. — Figure de Juif.

Deux beaux dessins à la plume.

REMBRANDT (Van Ryn).

338 — Un vieillard assis. — Un Moissonneur.

Deux bons dessins.

339 — Mendiant ; dessin à la plume.
Un jeune seigneur.

Dessin à la pierre noire.

340 — Les premiers pas de l'Enfance.

Deux très-jolis dessins à la sanguine.

341 — Le Retour de l'Enfant Prodigue. — Une Apparition.

Deux très-beaux dessins à la plume, lavés de sépia et d'aquarelle.

342 — Études et motifs de Portraits.

Deux dessins à la pierre noire.

343 — Jésus apaisant la Tempête. — Mercure et Argus.

Deux beaux dessins à la plume.

344 — Un Bourgmestre. — Groupe de trois personnages.

Deux jolis dessins à la plume.

345 — Composition pour l'histoire de Joseph.

Deux dessins à la plume.

346 — Une Feuille contenant plusieurs croquis à la plume.

347 — Jésus et la Femme adultère. — Retour de l'Enfant
Prodigue.

Deux beaux dessins à la plume.

348 — Vieillard assis. — Sujet du Nouveau-Testament.

Deux jolis dessins à la plume.

349 — Agar renvoyée par Abraham ; deux compositions
différentes sur la même feuille.

Beaux dessins à la plume.

REMBRANDT (Van Ryn).

350 — L'Ane de Balaam. — L'Enlèvement de Déjanire.

Deux très-jolis dessins à la plume.

351 — La Crèche de Bethléem. — Figure d'Homme couché.

Deux dessins à la plume.

352 — La Mort de la Vierge. — Agar renvoyée.

Deux très-jolis dessins à la plume.

353 — Jésus-Christ mis au tombeau. — Jésus au jardin des Oliviers.

Deux beaux dessins à la plume.

354 — Homme debout, figure nue. — Jeune Homme assis.

Deux très-jolis dessins à la plume.

355 — Homme vu à mi-corps. — Femme assise et endormie.

Deux belles études à la pierre noire.

356 — Femme couchée. — Étude. — Croquis pour un sujet religieux.

Dessins à la sanguine et à la plume.

357 — Deux études d'Éléphant.

Dessins à la pierre noire.

358 — Trois jolis dessins sur la même feuille.

A la plume.

359 — Une feuille contenant trois très-jolies études de Têtes de Femme et deux autres croquis.

A la plume, lavés de bistre.

360 — Autre feuille contenant quatre charmants dessins également à la plume.

REMBRANDT (Van Ryn)

361 — Un Philosophe en méditation. — Femme juive.

Deux beaux dessins à la plume.

362 — Docteurs de la loi.

Beau dessin à la plume, lavé de bistre.

363 — Sujet de l'Ancien Testament.

Très-beau dessin à la plume, lavé de bistre.

364 — Une feuille contenant quatre très-belles études, figures de Femme, etc.

A la plume.

365 — Sujet du Nouveau-Testament.

Dessin à la plume.

366 — Sujet de l'Ancien-Testament.

Très-beau dessin à la plume, lavé de bistre.

367 — Soldats endormis.

Dessin à la plume.

368 — Synagogue.

Joli dessin à la plume, lavé de bistre.

369 — Femme tenant son Enfant.

Très-joli dessin à la sanguine.

370 — La Veillée, composition de quatre figures.

Beau dessin à la plume, lavé de bistre.

371 — Étude pour un portrait, supposé celui de Clément de Jonghe.

Beau dessin à la plume.

372 — Autre étude pour le même portrait.

Beau dessin à la plume.

REMBRANDT (Van Ryn)

373 — Costumes orientaux.

Superbe dessin à la plume, lavé de bistre.

374 — Costumes orientaux.

Très-beau dessin à la plume.

375 — Sujet de l'Ancien-Testament.

Beau dessin à la plume et à l'encre de Chine.

376 — Jésus au jardin des Oliviers.

Joli dessin à la plume.

377 — Le Départ de l'Enfant prodigue.

Superbe dessin, exécuté à la plume.

378 — Jésus-Christ descendu de la croix.

Beau dessin à la plume.

379 — La Fuite en Égypte.

Admirable dessin, exécuté à la plume.

380 — Rebecca à la fontaine.

Beau dessin à la plume.

381 — Sujet de l'Ancien-Testament.

Très-beau dessin à la plume.

382 — Jacob bénissant Isaac.

Magnifique dessin à la plume.

383 — Vieillard, vu de profil.

Très-joli dessin à la plume.

384 — Étude de Femme assise.

Superbe dessin à la pierre noire, rehaussé de blanc.

385 — Autre étude de Femme assise, vue de profil.

Très-beau dessin à la pierre noire et au crayon blanc.

REMBRANDT (Van Ryn)

386 — Autre étude de Femme penchée.

Très-beau dessin à la pierre noire.

387 — Étude de Femme assise, vue de dos.

Beau dessin à la pierre noire.

388 — Autre étude de Femme, vue de dos.

Beau dessin à la pierre noire.

389 — Étude de Femme assise.

Superbe dessin à la plume, lavé de bistre.

390 — Un Patriarche.

Beau dessin à la plume, lavé d'encre de Chine et rehaussé de blanc.

391 — Les Adieux.

Joli dessin à la plume.

PAYSAGES

392 — La Maison entourée de planches.

Très-beau dessin à la plume, rehaussé de blanc, sur papier teinté.

393 — Étude pour le paysage dit : la Maison basse au bord du canal. — Autre étude pour le Pont de bois.

Deux beaux dessins, légèrement lavés d'encre.

394 — Études d'après nature.

Deux beaux dessins à la pierre noire.

395 — Étude pour le paysage dit : le Pont de Six. — Autre étude pour la Chaumière au bord du canal.

396 — Village et Route sur le bord d'un canal.

Très-beau dessin à la pierre noire.

REMBRANDT (Van Ryn)

397 — La Chaumière à l'entrée du bois.

Beau dessin à la pierre noire.

398 — Le Paysage aux palissades. — La Grande Route près
de la prairie.

Deux très-jolis dessins à la plume, lavés de bistre.

399 — Étude pour le Paysage, dit : à la Tour carrée.

Très-beau dessin à la plume, lavé de sépia.

400 — Autre étude pour le paysage à la Tour carrée. — Le
Bouquet d'arbres à l'entrée du village.

Deux très-jolis dessins à la plume, lavés de bistre.

401 — Le Moulin de Rembrandt.

Deux jolies études à la plume.

402 — Vue de l'entrée du village d'Omval, près d'Amsterdam.

403 — Le Moulin de Rembrandt. — C'est probablement le
dessin dont il s'est servi pour sa gravure à l'eau-
forte.

Deux jolis dessins à la plume et à la pierre noire.

404 — Étude pour l'eau-forte de la Chaumière et de la
Grange à foin. — Autre étude de paysage : Site
montueux.

Deux jolis dessins à la plume, lavés de bistre.

405 — Vue de l'entrée du village d'Omval. — Deux autres
études pour le Paysage aux trois chaumières.

Jolis dessins à la plume, lavés de bistre.

REMS (Gaspard)

406 — Jésus au Jardin des Oliviers.

Très-beau dessin à la plume, lavé de bistre.

ROETTIERS

407 — Bacchus et Érigone.

Beau dessin à la plume, lavé de bistre.

408 — Une Fête au dieu Pan.

Joli croquis à la plume.

409 — Le Portrait de Roettiers, d'après N. de Largillière, gravé par Vermeulen.

ROMBOUTS (Théodore). 1597†1640

410 — Tête de Vieillard, étude à l'huile.

411 — La flagellation du Christ.

412 — Une sainte Martyre.

Beaux dessins à la plume.

RUBENS (Pierre-Paul). 1577†1640

413 — Tête de Jeune homme.

Très-beau dessin à la pierre noire, rehaussé de blanc, sur papier gris.

414 — Femme vue à mi-corps.

Très-beau dessin à la sanguine rehaussé de blanc, sur papier gris.

415 — Vieillard assis près d'un enfant.

Joli croquis à la plume, lavé d'encre.

416 — Femme occupée à traire une vache.

Beau dessin à la plume.

RUBENS (Pierre-Paul)

417 — Maison de Rubens à Anvers.

Superbe dessin à la plume, lavé d'aquarelle rehaussé de blanc, à la gouache, sur papier teinté.

RUBENS (École de)

418 — Les quatre Évangélistes.

Beau dessin lavé de bistre, rehaussé de blanc.

SADELER (Jean), graveur du xvi⁰ siècle.

419 — Un charmant paysage, dessiné à la plume, rehaussé de blanc, sur papier teinté d'indigo.

420 — Autres jolis paysages à la plume, lavés d'encre de Chine, rehaussés de blanc sur papier teinté.

SANDBY

421 — Les Moissonneurs.

Joli paysage à la plume, lavé d'encre de Chine.

SANDRART (Joachim), de Frankfort-sur-le-Mein. 1606✝1688

422 — Sujet mythologique.

Joli dessin à la plume, lavé d'encre de Chine.

SAENREDAM. 1597✝1666

423 — Deux Bacchantes.

Joli dessin à la plume, lavé d'encre de Chine.

SAVERY (Roland). 1576 + 1639

424 — La Fuite en Égypte.

Joli dessin à la plume, lavé d'aquarelle.

425 — Vues diverses, Paysages et Marine.

Cinq très-beaux dessins à la plume, rehaussés de blanc, légèrement lavés d'indigo.

426 — Bouviers auprès de leurs bœufs.

Superbe dessin à l'aquarelle.

SCHEMEL (Elias)

427 — La Chasse aux Cigognes.

Curieux dessin à la plume.

SCHUT (Cornélius), d'Anvers. 1590 + 1676

428 — La Vierge, l'Enfant Jésus et saint Jean.

Beau dessin à la pierre noire.

SCHUT (Jean)

429 — La Vierge et l'Enfant Jésus.

Dessin au pinceau; lavé de sépia et rehaussé de blanc. Signé et daté 1677.

SEGHERS (Gérard), d'Anvers. 1589 + 1651

430 — La Vierge, l'Enfant Jésus et saint Jean.

Dessin à la pierre noire, sur papier de couleur.

SNAYERS (Pierre). 1593 + 1663

431 — Combat de Taureaux.

Très-beau dessin à l'aquarelle.

SNAYERS (Pierre)

432 — Un Chien.

Très-jolie étude aux trois crayons.

SNELART (Nicolas), de Tournai

433 — Apollon et Marsyas.

Dessin à la plume, lavé de sépia.

SPRANGER (Barthelémy). 1546✝1628

434 — Sujets et compositions religieuses et mythologiques.

Douze très-beaux dessins à la plume, lavés de sépia et d'encre de Chine.

STEIN (A.-L.)

435 — Repas champêtre.

Dessin à la plume, lavé d'encre de Chine, rehaussé de blanc et d'aquarelle sur papier de couleur.

STRADANUS (Jean), de Bruges. 1536✝1605

436 — La Sainte Famille; sainte Anne et saint Jean adorent l'Enfant Jésus.

Très-beau dessin à la plume, lavé d'encre et rehaussé de blanc sur papier bleu.

SUSTRIS ou ZUSTRIS

437 — Vénus et Vulcain.

Joli dessin à la plume, lavé d'encre de Chine. Il est signé.

438 — L'Assomption de la Vierge.

Dessin à la pierre noire, rehaussé de blanc sur papier teinté. Par Lambert Sustris.

SUSTRIS ou ZUSTRIS

439 — L'Adoration du Saint-Esprit, composition renfermant un grand nombre de figures.

Très-joli dessin, exécuté à la plume et lavé d'encre de Chine.

440 — Les trois Vertus théologales. — Joseph descendu dans la citerne.

Deux jolis desins à la plume, lavés d'encre de Chine.

441 — Évêques et saintes Femmes, adorant l'Enfant Jésus. — Moïse offrant un sacrifice.

Deux jolis dessins à la plume, lavés d'encre de Chine.

442 — Nymphes au bain.

Beau dessin à la plume, lavé d'encre de Chine.

443 — Composition allégorique.

Dessin à la plume, lavé de bistre et rehaussé de blanc, sur papier teinté.

444 — La Reine des Cieux.

Joli dessin à la plume, lavé d'encre de Chine. Daté 1564.

TENIERS (David). 1610+1694

445 — Entretien flamand.

Joli dessin à la pierre noire.

446 — Querelle au cabaret.

Beau croquis à la pierre noire.

THOMON (Thomas de)

447 — Intérieur d'une Prison.

Dessin à l'aquarelle.

TAX (Paul) d'Inspruck

448 — Divers croquis à la plume, au recto et au verso.

TORLS (Gilbert)

449 — Un Paysage.

Beau dessin à la plume.

UDEN (Luc Van). 1595+1660

450 — Vue d'un village en Hollande.

Joli dessin à la mine de plomb.

VADDER (Louis de), né à Bruxelles.

451 — Paysage. Entrée d'une forêt.

Beau dessin à la pierre noire.

VELDE (Adrien Van de). 1639+1712

452 — Paysage historique.

Très-joli dessin à la plume, lavé de bistre.

453 — Vues prises au bord de la mer.

Deux très-beaux dessins à la plume.

VELDE (Guillaume Van de). 1633+1707

454 — Vaisseau de guerre.

Très-beau dessin à la plume, lavé de bistre.

455 — Embarcations diverses. Préparatifs pour une bataille navale.

Dessin à la plume.

456 — Une Marine.

Très-joli dessin à la plume lavé d'encre de Chine.

VERHAEGT (Tobie), d'Anvers. 1556+1631

457 — Deux paysages.

Très-beaux dessins à la plume, lavés de bistre et d'aquarelle.

VIERIX (Jean)

458 — La Passion de Jésus-Christ.

17 dessins ; plus 22 petits médaillons, sujets de l'Ancien Testament ; en tout, 3 feuilles contenant 39 dessins très-finement exécutés à la plume et lavés de bistre Ils sont signés et datés 1610.

Les dessins de Viérix, on le sait, sont fort rares. Ceux-ci forment une précieuse réunion de petits chefs-d'œuvre.

459 — Curtius.

Dessin à la plume, lavé de bistre. Signé et daté 1773.

WIT (Pierre de). 1620+1669

460 — Le Christ et un Apôtre.

Joli dessin à la plume.

461 — Le Christ mort.

Très-beau dessin à la plume, lavé d'aquarelle.

VOS (Martin de), d'Anvers. 1532+1604

462 — Sujets de l'ancien et du nouveau Testament. — Paysages. — Compositions diverses. — Scènes mythologiques.

Trente-quatre charmants dessins, très-finement exécutés à la plume et lavés de bistre.

VREDMAN (Paul)

463 — Cinq dessins d'architecture. Riches compositions exécutées à la plume, légèrement lavés de bistre et d'aquarelle.

Rares et précieux dessins.

VRIES (ADRIEN DE), de La Haye. XVIe siècle.

404 — Les quatre Saisons.

Jolis dessins exécutés à la plume et lavés de bistre.

VRIES ou VRISE (JEAN DE), d'Harlem

465 — Motifs d'ornements.

Précieux dessin, admirablement exécuté à la plume et lavé d'indigo. Il est signé.

WOUVERMANS (PHILIPPE), d'Harlem. 1620+1668

466 — Deux cavaliers combattant.

Beau dessin à la plume lavé, de bistre.

ZAIST (JEAN-BAPTISTE)

467 — Paysage avec figures et animaux.

Beau dessin à la plume lavé de bistre.

ZEEMANN (RENIER-NOOMS). 1636

468 — Un navire de guerre.

Très-joli dessin à la plume, légèrement lavé d'encre de Chine et d'aquarelle.

ANONYME DE L'ECOLE FLAMANDE, XIIIe siècle

469 — Jésus au milieu des Docteurs.

Très-beau dessin à la plume, sur vélin.

470 — Concert d'anges. — Adoration de la Vierge, de l'Enfant Jésus et du Saint-Esprit.

Très-curieux et superbe dessin, exécuté à l'aquarelle et à la gouache sur tissu de toile.

ANONYME DE L'ÉCOLE FLAMANDE, XVe siècle

471 — Scènes de carnaval.

Beau dessin à la plume, lavé d'encre de Chine.

472 — Deux dessins contenant 24 têtes. Modèles de coiffures de dames du XVe siècle.

Très-finement exécutés à la plume.

ANONYMES DE L'ÉCOLE FLAMANDE, XVIe siècle

473 — Portrait de femme.

Dessin à la pierre noire.

474 — Esclaves romains condamnés à mort et lapidés.

Très-beau dessin à la plume, lavé de bistre et rehaussé de blanc.

475 — Porte-drapeau. Monogramme HVV.

Dessin à la plume, lavé d'aquarelle.

476 — Mariage de sainte Catherine.

Beau dessin à la pierre noire, sur papier blanc.

ÉCOLE DES SADELER

477 — Le Christ en croix. — La Vierge et l'Enfant Jésus.

Deux compositions exécutées à la plume, lavées d'encre.

478 — Les noces de Cana.

Très-beau dessin à la plume, lavé de bistre et rehaussé de blanc.

479 — La résurrection de Lazare.

Beau dessin à la pierre noire sur papier teinté. (École de Lucas de Leyde.)

ANONYME DE L'ÉCOLE HOLLANDAISE, XVIIe siècle.

480 — Deux feuilles contenant onze têtes d'expression.

Jolis dessins à la plume, lavés de bistre. Collections Crozat et Jos. Reynolds.

ANONYMES DE L'ÉCOLE FLAMANDE.

481 — Une feuille contenant 17 têtes de personnages de diverses conditions.

Un beau dessin à la plume, lavé d'encre, rehaussé de blanc sur papier teinté.

482 — Dieu le Père et Dieu le fils couronnant la Vierge.

Magnifique dessin à la plume lavé d'aquarelle et rehaussé de blanc.

483 — Saint et Sainte. — Sur la même feuille deux figures, grotesques.

Jolis dessins à la mine de plomb, lavés d'encre de Chine et rehaussés de blanc.

ÉCOLE ITALIENNE

ÉCOLE ITALIENNE

ABBATE (Nicolo del)

484 — Jeune martyre mise au tombeau.

Beau dessin à la plume, lavé de sanguine.

AGRESTI (Livio), de Forli.

485 — Un jeune évêque offrant l'encens.

Très-beau dessin à la plume, lavé de bistre et rehaussé de blanc.

ALLORI (Alexandre). 1535+1607

486 — Un paysage.

Très-joli dessin, finement exécuté à la plume.

487 — Études anatomiques.

Beau dessin à la plume.

ALLORI (Christophe), dit BRONZINO, de Florence 1577+1621?

488 — Groupes de figures.

Joli dessin à la plume, lavé de bistre, sur papier bleu.

ALTOMONTE (Martin HOHENBERG), dit de Naples 1657+1745

489 — Étude de femme.

Dessin à la pierre d'Italie, rehaussé de blanc, sur papier bleu.

AMICO ou AMICONI, de Venise?

490 — Un sculpteur de l'antiquité considérant un bas-relief.

Dessin à la plume, lavé de bistre.

ANDREANI (Attribué à)

491 — Le Mariage de la Vierge.

Beau dessin à la plume, lavé de bistre et rehaussé de blanc.

APROLIO (Batista)

492 — La Clémence d'Alexandre.

Joli dessin au pinceau, rehaussé de blanc, sur fond teinté.

BAGNACAVALLO (Barthélémy Ramenghi, dit le).

493 — La sainte Cène.

Beau dessin au pinceau, camaïeu, rehaussé de blanc.

BALLINI (Camille). XVIIᵉ siècle.

494 — Étude anatomique.

Bon dessin à la plume. Il est signé.

495 — Seigneur indien monté sur un éléphant.

Très-beau dessin à la plume, rehaussé de blanc.

BANDINELLI (Baccio), de Florence. 1487+1559

496 — Adam et Ève.

Très-beau dessin à la plume.

497 — L'adoration des Bergers.

Dessin composé d'un grand nombre de figures, à la plume.

BAROCCI (Frédérico-Fiori, dit) 1528†1612

498 — La Vierge allaitant l'Enfant Jésus.

Joli dessin à la plume, lavé d'encre de Chine.

499 — Jésus au milieu des Docteurs.

Beau dessin à la plume, lavé de bistre.

500 — Tête d'enfant.

Joli dessin colorié aux trois crayons.

501 — Saints et Saintes adorant l'Enfant Jésus.

Très-beau dessin à la plume, lavé de bistre.

502 — Saints évêques adorant la Vierge et l'enfant Jésus.

Très-beau dessin à l'aquarelle.

503 — Énée portant son père.

Dessin à la plume, rehaussé de blanc, sur papier de couleur.

504 — Portrait d'homme.

Très-joli dessin colorié aux trois crayons, sur papier bleu.

505 — Saints et Saintes invoquant la Vierge et l'Enfant Jésus.

Beau dessin à la plume, lavé d'encre de Chine.

BASERIN (Bartholoméo)

506 — Esther devant Assuérus.

Très-beau dessin à la plume.

BASSAN (François da PONTE, dit le), de Vicence.

507 — Un des mois de l'année (septembre).

Beau dessin à la plume, lavé d'encre de Chine. Au verso, plusieurs lignes de l'écriture du maître.

BASSAN (François da PONTE, dit le), de Vicence.

508 — La Sainte-Vierge prenant sous sa protection plusieurs saintes personnages.

Beau dessin à la plume, lavé de bistre.

BATTISTI (Batista), de Venise.

509 — Saint Pierre.

Dessin à la plume, lavé de bistre.

BATTONI (Pompéo), de Lucques, 1708+1787

510 — Saint Pierre.

BEMBO (Jean-François), de Crémone.

511 — Étude de femme, d'après Raphaël; dessin à la plume, lavé de bistre.

512 — Étude d'homme, à la plume, lavée de bistre.

BERTOLI, de Venise.

513 — La création d'Ève.

514 — Adam et Ève tentés par le Démon.

515 — Adam et Ève chassés du Paradis.

516 — Adam et Ève condamnés au travail.

Beaux dessins exécutés à la plume et lavés d'indigo. D'après Raphaël.

BIBIÉNA (Joseph GALLI, dit). 1696+1756

517 — Très beaux dessins d'architecture, exécutés à la plume et lavés de bistre. 4 pièces.

BIBIENA (Joseph Galli, dit.)

518 — Jésus amené dans le palais d'Hérode.

Superbe dessin d'architecture, à la plume, lavé d'encre de Chine et de bistre.

BOLDO (Giuseppe-Arcini), de Milan. 1590

519 — Une figure grotesque, formée d'instruments d'agriculture.

Dessin exécuté à la plume, lavé d'indigo.

BONIFAZIO (François)

520 — Brennus. Malheur aux vaincus.

Dessin à la plume, lavé de bistre.

PROCACCINI (Camillo)

521 — Saint Jean, l'évangéliste.

Belle étude à la pierre noire, rehaussée de blanc.

BRUSASORCI (Felix, dit Riccio), de Vérone. 1540+1605

522 — Adam et Ève. — David coupant la tête de Goliath.

Deux dessins à la plume, lavés de bistre.

BUONAROTI (Michel-Ange). 1474+1564

523 — Études diverses.

Six beaux dessins à la plume et à la pierre noire.

CALIARI (Paul), dit Paul VÉRONÈSE

524 — Une composition allégorique.

Beau dessin à la plume, lavé d'encre, sur papier teinté.

CALIARI (PAUL), dit PAUL VÉRONÈSE

525 — Une Sibylle.

Très-beau dessin, exécuté à la plume, lavé d'encre et rehaussé de blanc. (D'après Michel-Ange).

526 — Un autre dessin. — Ange et Sibylle, figures pour un plafond.

A la plume, lavé de bistre.

527 — Composition allégorique représentant un pape recevant le serment d'un jeune prince.

Très-beau dessin à la pierre noire, rehaussé de blanc sur papier bleu.

CALIARI (dit PAUL VÉRONÈSE). École de

528 — Adoration de la Vierge et de l'enfant Jésus.

Beau dessin à la plume, lavé d'encre de Chine et rehaussé de blanc.

CAMBIASO (LUCA) dit LE CANGIAGE, 1527+1585

529 — Saintes familles. — Descente de croix. — Compositions sacrées. — Sujets profanes.

Dix dessins à la plume, lavés d'encre de Chine.

530 — La Sainte Famille.

Beau dessin à la plume, lavé de sanguine.

CAMPAGNOLA (DOMINICO), de Venise, 1482+1550

(Élève du Titien.)

531 — Sujet de l'Apocalypse.

Très-beau dessin à la plume.

532 — La Fuite en Égypte.

Beau paysage à la plume.

CANTARINI (Simon), dit LE PESARÈSE. 1612+1648

533 — La sainte Cène.

Magnifique dessin à la plume, lavé de bistre.

CANUTI (Domenico-Maria)

534 — L'Annonciation.

Joli dessin à la plume, lavé d'encre de Chine.

Un Festin.

Autre joli dessin à la plume, lavé de sanguine.

CARRACHE (Annibal). 1560+1609

535 — Beau paysage à la plume avec figures.

536 — Extase de saint François.

Très-beau dessin à la plume.

537 — Chrétiens massacrés dans un Temple.

Beau dessin à la plume, lavé de bistre et rehaussé de blanc. Collection Lempereur.

CARRACHE (Augustin). 1558+1601

538 — La Transfiguration.

Très-beau dessin à la plume, lavé de bistre. Collection Crozat.

CARRACHE (Louis). 1555+1619

539 — Une feuille contenant deux petites études à la plume.

Collection Crozat.

CARAVAGE (Polydore CALDARA dit le)

540 — Deux figures soutenant un mascaron.

Beau dessin à la plume, lavé de bistre.

541 — Une figure et une composition allégoriques.

Deux beaux dessins à la plume, lavés d'encre et rehaussés de blanc.

542 — Bas-relief représentant un combat.

Beau dessin à la plume, lavé de bistre et rehaussé de blanc. Collection Crozat.

CASANOVA (Jean-François)

543 — Étude pour un portrait équestre.

Beau dessin à la plume, lavé de bistre.

CASTIGLIONE (Jean-Benoit), de Gênes, dit LE BENEDETTE. 1616+1670

544 — Marche d'animaux à travers d'une montagne. — Bergers près de leurs chèvres.

Deux jolis dessins à la plume, lavés de bistre.

CERQUOZZI (Michel-Angelo) dit DES BATAILLES

545. — Étude de femme.

Joli dessin à la pierre noire. Collection Crozat.

CIPRIANI (Giovani-Batista), de Florence

546 — Composition exécutée d'après une pierre antique.

Dessin à la plume, lavé d'encre.

547. — Le Temps.

Autre dessin à la plume.

CONCA (Sébastien), de Gaëte.

548 — Une Conversion.

Joli dessin à la plume, lavé d'encre de Chine.

CORRÉGE (Antoine-Allegri, dit le). 1494+1534

549 — Étude pour la figure du jeune Berger, dans la *Nuit* du Corrége.

Beau dessin à la sanguine.

CORRÉGE (Attribué à)

550 — Docteurs assemblés dans un temple.

Très-beau dessin au pinceau, rehaussé de blanc sur papier teinté.

CRÉONE (Henri)

551 — Étude de femme drapée.

Dessin à la pierre noire, sur papier bleu.

CRÉTI (Donato), de Crémone. 1671+1749

552 — Les Apôtres saint Pierre et saint Paul, — saint Jean baptisant. — Portrait d'un religieux.

Trois de ces dessins sont à la plume; le quatrième est finement exécuté à la sanguine.

FARINATI, graveur. 1522+1604

553 — Saint Michel terrassant le Démon.

Très-beau dessin à la plume, lavé de bistre, rehaussé de blanc, sur papier teinté.

6

FERRI (Ciro), Rome. 1634+1689

554 — Saint Pierre, apôtre.

Dessin à la sanguine.

FONTANA (Prospero), de Bologne. 1512+1597

555 — Nymphe offrant à Vénus des flèches et un carquois.

Joli dessin à la plume, lavé d'encre et rehaussé de blanc.

FRANCESCHI (Paul).

556 — Paysage avec figures.

Dessin à la pierre noire, rehaussé de blanc.

GADDI (Taddeo), Florence. 1300+1352?

557 — Étude académique. Figure de femme, vue de dos.

Joli dessin à la sanguine.

GHISI (Georges), graveur.

558 — Le Char de Neptune.

Très-beau dessin à la sanguine.

GRANDI (Hercule, dit Hercole), de Ferrare. 1491+1531

559 — Jésus devant Pilate.

Bon dessin à la plume, lavé de sépia.

GUERCHIN (Gian Francesco Barbieri, dit le) 1590+1666

560 — Une étude d'après nature. — Ane broutant,

Bon dessin à la sanguine.

Une feuille de croquis à la plume : Têtes d'anges.

LANZANI (Polydori).

561 — Saint Antoine de Padoue baisant la main de l'Enfant Jésus.

Beau dessin à la plume, légèrement lavé d'indigo.

LATTANZIO. XVIᵉ siècle.

562 — Tête d'étude.

Joli dessin colorié.

LEONE (Ottavio).

563 — Tête de jeune fille.

Très-beau dessin à la pierre noire.

LEVINO (Amélio)

564 — Un esclave supplicié.

Beau dessin exécuté à la plume, lavé de bistre et d'indigo.

LIBERI (Pietro), de Padoue. 1605—1687

565 — Étude de figure drapée.

Bon dessin au pinceau, lavé de bistre et rehaussé de blanc, sur papier de couleur.

LIGOZZI (Giacomo), de Vérone. 1543—1627

566 — Figure allégorique.

Très-joli dessin à la plume, lavé de bistre et rehaussé de blanc.

LOTTI (Carlo)

567 — L'Assomption de la Vierge.

Très-beau dessin à la plume, rehaussé de blanc, sur papier de couleur, Collection Crozat.

LOTTO SERRADO (Louis), école des CARRACHE

568 — Une feuille contenant 16 proverbes en action.

Jolis croquis à la plume.

LUCHETTO, de Crémone

569 — Un roi captif, livré au vainqueur.

Dessin à la plume, lavé de bistre.

LUINI (Bernard), de Luino.

570 — Portrait de Blaise Avamboldi, peintre, né à Lulan, où il florissait vers 1530.

Beau dessin à la pierre noire, légèrement coloré, sur fond teinté d'indigo.

MAGANZA (Alexandre). 1556+1630

571 — L'Adoration des Bergers.

Beau dessin à la plume, lavé de bistre.

MARATTI (Carlo), de Camerino. 1625+1713

572 — Sujet de l'Ancien-Testament.

573 — Présentation au Temple.

574 — Tête de vieillard.

Trois dessins à la plume lavés de bistre. Collection Crozat.

MARCONI (Rocca), de Trévise.

575 — Flagellation du Christ.

Dessin à la plume, lavé d'encre et rehaussé de blanc, sur papier bleu.

MATURINO, de Florence.

Élève de Raphaël

576 — Les Titans foudroyés.

Superbe dessin à la plume, lavé de bistre et rehaussé de blanc.

MAZZA (Damiano). XVIᵉ siècle

577 — Le Christ en croix.

Beau dessin à la plume, lavé de bistre.

MAZZANI (Gaspard)

578 — Figure allégorique.

Très-beau dessin à la plume, lavé de bistre et rehaussé de blanc.

MINIADORO (Gaspard), de Venise

578 bis — Allégorie.

Beau dessin au pinceau, légèrement lavé d'aquarelle et rehaussé de blanc.

MINTONURO (Pietro Saghetto)

579 — Trois jolis croquis, compositions religieuses.

Dessins à la plume, lavés de bistre.

MOIZATTI (Jérome)

580 — Deux très-beaux dessins à la sanguine.

MOLITOR (Martin)

581 — Un très-joli paysage à la plume, lavé de bistre.

582 — Un autre paysage à la pierre noire, sur papier de couleur.

MORO (François), graveur.

583 — La Sainte Vierge, l'Enfant Jésus, Sainte Anne et saint Jean.

Très-beau dessin à la plume, lavé d'encre de Chine et rehaussé de blanc, sur papier bleu.

MOTTA (Raphael), de Reggio. 1550+1578

584 — Mars et Vénus.

Dessin à la plume, lavé de bistre.

MUZIANO (Jérôme). 1528+1592

585 — Composition historique.

Beau dessin à la plume, lavé d'encre de Chine, sur papier bleu.

586 — La Décollation de saint Jean-Baptiste.

Beau dessin à la plume et au bistre, rehaussé de blanc.

PAGANELLI (Domenico)

587 — Suzanne au bain.

Beau dessin à la plume, légèrement lavé d'indigo.

PALMA (Jacobo).

588 — Sujet du Nouveau-Testament.

Très-beau dessin à la plume, lavé de bistre.

589 — Le Christ présenté au peuple.

Superbe dessin à la plume, lavé de bistre.

PANNINI (Jean-Paul), de Plaisance. 1691+1764

590 — Les Restes d'un ancien édifice.

Très-beau dessin d'architecture à la plume, lavé d'aquarelle.

PARMESAN (École de

591 — La Vierge, l'Enfant Jésus et saint Jean.

Beau dessin à la plume, lavé d'encre de Chine et rehaussé de blanc.

PAZINELLI (Lorenzo), né à Bologne.

592 — Étude d'homme.

Dessin à la plume.

PASSAROTTI (Bartoloméo), de Bologne.

593 — Quatre études, largement exécutées à la plume.

PASSERI (Giuseppe). 1654+1714

594 — Trois jolis dessins sur la même feuille. Compositions religieuses à la plume, lavées de bistre.

595 — Un autre dessin, sujet du Nouveau-Testament, à la plume, lavé d'encre de Chine.

PERGOLI (Francesco)

596 — L'Adoration des Bergers.

Très-beau dessin au pinceau, camaïeu, rehaussé de blanc. Au verso, plusieurs croquis du maître.

PERINO DEL VAGA

597 — Une chasse au sanglier.

Beau dessin à la plume.

PETTINI (Simone)

598 — Très-beau dessin. Composition de sept figures, à la plume, lavée de bistre, rehaussée de blanc, sur papier de couleur.

PIAZZETTA (Jean-Baptiste), de Venise.

599 — Plusieurs saints personnages adorant l'enfant Jésus.

Beau dessin au pinceau, lavé d'encre de Chine.

600 — Tête de jeune homme.

Dessin à la pierre d'Italie, rehaussé de blanc, sur papier de couleur. Collection Crozat.

PIRANESI (J.-B.), antiquaire, architecte, graveur.
XVIIIe siècle.

601 — Bas-reliefs et motifs d'architecture.

Très-beau dessin au pinceau, lavé d'encre de Chine, d'indigo, et rehaussé de blanc.

602 — Réunion de plusieurs monuments de Rome.

Très-beau dessin à la plume, lavé d'encre de Chine.

POMPEO AQUILANO

603 — L'adoration des Bergers.

Très-beau dessin à la sanguine.

PONTERIO (Silvio)

604 — Un martyr chrétien.

Très-beau dessin à la plume, lavé de bistre et rehaussé de blanc.

PRIMATICCIO

605 — Deux femmes jouant de la flûte.

Très-joli dessin à la plume, lavé de bistre.

RAIMONDI (Marc-Antoine)

606 — Sujets mythologiques.

607 — Construction d'un édifice.

608 — Clélie.

609 — Allégorie. — Le Temps.

Quatre très-beaux dessins à la plume, lavés de bistre.

610 — Deux pendentifs. — Le Printemps. — L'Automne.

Beaux dessins à la plume, lavés de bistre.

611 — Le temple d'Hercule.

Très-beau dessin à la plume, lavé de bistre.

612 — Chasse au sanglier.

Très-beau dessin à la plume, lavé de bistre.

613 — Un concert religieux. — Belle composition pour une
      coupole.

Superbe dessin à la plume.

614 — Une bataille d'Alexandre le Grand.

Très-belle composition, dessinée à la plume et légèrement lavée de bistre.

RAPHAEL DA REGGIO.

615 — Saint Jean, saint Benoit, saint Georges et sainte
      Madeleine adorant l'Enfant Jésus.

Beau dessin à la plume, lavé de bistre.

616 — Tobie et l'Ange.

Très-beau dessin à la plume, lavé de bistre et rehaussé de blanc.

RAPHAEL (Sanzio) d'Urbin

617 — Junon, Cérès et Psyché.

Psyché s'éloignant de Junon et de Cérès qui refusent de lui donner retraite ; elle dirige ses pas vers la gauche en retournant la tête vers Junon, qui est assise à droite sur des nues. Ce sujet a été peint par Raphaël, dans la galerie du palais Ghigi. — Selon Bartsch, l'estampe de Marc de Ravenne a été gravée d'après un dessin. Nous pensons que c'est celui que nous venons de décrire. Magnifique dessin, exécuté à la sanguine.

618 — Esquisse pour l'École d'Athènes.

Très-beau dessin à la plume, lavé d'encre de Chine.

619 — La Visitation. Première pensée du tableau qui fait partie de la collection du musée de Madrid.

Très-beau dessin à la plume, lavé de bistre et rehaussé de blanc sur papier teinté.

620 — La Vierge au poisson.

Très-beau dessin à la plume, lavé de bistre.

621 — Études de femmes et d'enfants pour un bas-relief.

Très-beau dessin à la plume, lavé de bistre et rehaussé de blanc.

622 — Étude d'homme assis sur une chaise curule.

Très-beau dessin à la sanguine.

623 — Moïse sauvé des eaux,

Très-beau dessin à la plume, lavé de bistre.

624 — La prison de saint Pierre.

Très-beau dessin à la plume, lavé de bistre et rehaussé de blanc.

625 — Académie d'homme.

Très-beau dessin à la sanguine.

626 — Plusieurs croquis ; études de chevaux.

Très-beau dessin à la plume. Au verso, plusieurs autres croquis.

RAPHAEL (Sanzio) d'Urbin

627 — Étude pour la partie supérieure d'une jambe
d'homme.

Dessin à la pierre noire.

RAPHAEL (Sanzio) École de

628 — Sept dessins, compositions diverses, dont une Sainte
Famille. — La Jurisprudence, etc.

Bons dessins, différemment exécutés.

629 — Une bataille navale.

Très-beau dessin à la plume, lavé de bistre et rehaussé de blanc.

630 — Portrait du Dante.

Beau dessin à la sanguine.

RAPHAEL (Sanzio) d'Urbin. Attribué à

631 — Alexandre le Grand.

Tête d'étude à la pierre noire et rehaussée de blanc, sur papier de couleur.

REGGIO (Sébastien)

632 — Antiope. — Diane chasseresse.

Deux gracieux dessins à la pierre d'Italie.

RENI (Guido, dit le Guide). 1575+1642

633 — Étude d'homme assis.

Beau dessin à la plume.

634 — Tête de jeune fille.

Joli dessin aux trois crayons. — Collection Crozat.

635 — Sujet religieux.

Très-belle esquisse à la sanguine, rehaussée de blanc.

RIBEIRA, dit L'ESPAGNOLET.

636 — Sujet religieux.

Beau dessin à la plume, lavé de bistre.

RICCI (SÉBASTIEN), de Bellino. 1659+1734

637 — L'Assomption de la Vierge.

Joli dessin à la plume, lavé d'encre de Chine.

RICCIARELLI (dit DANIEL DE VOLTERRE)

638 — Portrait de Raphaël d'Urbin.

Beau dessin à la pierre noire, rehaussé de blanc. — Collection Crozat.

639 — Une figure académique.

Très-beau dessin à la pierre noire.

RICCIO NERONI (BATTISTA)

640 — Deux études d'homme.

Beau dessin à la plume, lavé de bistre.

RINALDO (DOMINIQUE), de Mantoue.

641 — Figure allégorique.

Beau dessin, très-finement exécuté à la plume.

ROMAIN (GIULIO-PIPPI, dit JULES). 1492+1546

642 — Andromède.

643 — Persée tenant-la tête de Méduse.

644 — Le sacrifice d'Abraham.

645 — Scène mythologique.

ROMAIN (Giulio Pippi, dit)

646 — Autre sujet mythologique.

647 — Vulcain.

648 — Dessin pour un bas-relief.

649 — Triomphe de Vénus.

650 — La clémence de Scipion.

651 — Résurrection du Christ.

652 — Dessin pour un frontispice.

653 — Figure allégorique.

Beaux dessins à la plume, lavés de bistre.

654 — Combat des Amazones.

Très-beau dessin à la plume, lavé de bistre et rehaussé de blanc.

655 — Combat des Amazones.

Très-beau dessin à la plume, lavé d'encre de Chine et rehaussé de blanc, sur papier teinté.

ROMAIN (Jules). Attribué à

656 — L'Amour et Psyché.

Dessin pour un fronton. — A la plume, lavé de bistre et rehaussé de blanc, sur papier teinté.

657 — Sujet religieux.

Très-beau dessin à la plume, lavé de bistre et rehaussé de blanc, sur papier teinté.

ROMAIN (Jules), École de

658 — Un sujet mythologique.

Beau dessin à la plume. Au verso, un autre très-beau dessin, motif pour un bas-relief.

ROMAIN (Jules). École de

659 — La Sainte Famille, sainte Anne et saint Jean.

Joli dessin à la plume, lavé de bistre.

ROSA (Joseph)

660 — Halte de voyageurs.

Dessin à la plume, lavé de bistre. — (Signé).

SALIMBENI (Ventura), de Sienne. 1557+1613

661 — Sainte Vierge allaitant l'Enfant Jésus.

Joli dessin à la pierre noire.

SALVIATI (Francesco)

662 — L'Ordination.

663 — Allégorie sur la musique.

664 — Énée sauvant son père.

665 — Buste d'homme et de femme.

Cinq dessins à la plume, lavés de sépia, rehaussés de blanc, sur papier de couleur.

SAMMACHINI (Orazio). 1532+1577

666 — Ange de l'Annonciation.

667 — Jésus à table avec ses disciples.

668 — La Charité.

Trois dessins à la plume, lavés de bistre, rehaussés de blanc.

SARTO (Andréa **VANUCCHI** dit del). 1488+1530

669 — Dame italienne.

Beau dessin à la pierre noire, lavé d'aquarelle.

ANDRÉ DEL SARTO (Attribué à)

670 — Tête de jeune femme.

Très-joli dessin à la pierre noire. — Collection Crozat.

SERRADO LOTTO (Ludovico)

671 — Réunion de nobles personnages dans un festin.

Joli dessin à la plume, lavé de bistre.

SESTO (César da).

672 — Portrait d'homme.

Dessin à la sanguine.

SIRANI (Élisabeth). 1638+1665

673 — La Sainte Vierge près du corps de Jésus-Christ.

674 — La Vierge, l'Enfant Jésus et saint Jean.

Deux jolis dessins à la plume, lavés de bistre. — Collection Crozat.

SIRANI (Giovanni Andrea), de Bologne. 1610+1670

675 — Loth et ses filles.

Beau dessin à la sanguine, rehaussé de blanc.

SOGLIANI (Jean-Antoine), de Florence.

676 — Portrait d'un moine.

Beau dessin à la pierre noire, rehaussé de blanc, sur papier teinté.

SOLIMENE (François), de Nocera. 1657+1747

677 — Saint François en prière.

Joli dessin à la pierre noire, rehaussé de blanc.

678 — Descente de croix.

Beau dessin à la plume, lavé d'encre de Chine.

SPADA (Lionello) 1576+1622

679 — Un pape recevant la tiare.

Beau dessin à la plume, lavé d'encre de Chine et rehaussé de blanc, sur papier teinté.

SQUARCIONE (Francesco), de Padoue. 1394+1474

680 — Guerriers revêtus de leurs armures.

Beau dessin, très-finement exécuté à la plume et lavé de bistre.

TEMPESTA, de Florence

681 — Saintes Familles, — l'Annonciation, — Martyre de saint Etienne. — Sujets divers, — Batailles, etc.

Vingt-six dessins exécutés à la plume, lavés de bistre.

TIBALDI (Pellegrino de). 1540+1582

682 — Le Christ enlevé au ciel entre les bras de Dieu le Père.

Superbe dessin à la plume, lavé d'indigo et d'aquarelle.

TIEPOLO (Jean-Baptiste), de Venise. 1692+1770?

683 — Composition grotesque.

Dessin à la plume, rehaussé de blanc, sur papier de couleur.

TINTORET (Attribué à)

684 — Sujet mythologique.

Beau dessin à la plume, lavé de bistre et rehaussé de blanc, sur papier de couleur.

685 — Les Pestiférés.

Beau dessin à la plume, lavé de bistre.

TITI (Tito Sancti, dit), 1538+1603.

686 — Jésus et la Samaritaine.

687 — Sacrifice d'Abraham.

Deux dessins à la plume, lavés de bistre.

TIZIANO-VECELLI, dit LE TITIEN, né à Pière de Cadore. 1477+1576

688 — Très-beau paysage avec figures et animaux.

À la plume, lavé de bistre.

689 — La Sainte Communion.

Beau dessin à la plume, lavé de bistre.

690 — Étude d'arbre, à la plume.

691 — L'Enfant prodigue, esquisse au pinceau.

692 — Deux très-beaux paysages, à la plume.

TIZIANO VECELLI (Attribué à)

693 — Portrait de Pierre Bembo, à la plume.

TREVISANI (Luca)

694 — L'Assomption de la Vierge.

Beau dessin à la plume, lavé de bistre.

VAGA (Perino del), Buonacorsi.

695 — Saint François adorant la Vierge et l'Enfant Jésus.

696 — Saint Michel terrassant le démon.

697 — La Vierge et saint Augustin.

698 — Le Christ invoquant son Père.

699 — Un bas-relief, sujet mythologique.

700 — Une bataille.

701 — Étude pour un portrait de femme.

702 — Portrait d'un cardinal.

Très-beaux dessins à la plume, lavés de bistre et d'aquarelle.

VANNI (Francesco), de Sienne. 1565+1609.

703 — Saints et saintes adorant la Vierge et l'Enfant Jésus.

704 — Une Ordination. (Collection Crozat.)

705 — Saint Jérôme. (La gravure est jointe au dessin.)

Cinq beaux dessins à la plume, lavés de bistre.

706 — L'Assomption de la Vierge.

Très-beau dessin à la plume, lavé d'encre et rehaussé de blanc.

707 — Un saint évêque.

Très-beau dessin à la plume, lavé de bistre et rehaussé de blanc. — Collection Crozat.

VANUCCI (Pietro), dit LE PERUGIN. 1446+1524

708 — La Vierge.

Beau dessin à la plume, lavé de bistre et rehaussé de blanc, sur papier bleu.

VASARI (George), d'Arezzo. 1512+1574

709 — L'Échelle de Jacob.

710 — Étude d'homme drapé.

Deux beaux dessins à la plume, rehaussé de blanc, sur papier de couleur.

711 — Académie d'homme.

Dessin à la sanguine.

712 — Écusson d'armes. Armoirie avec figures allégoriques.

Beau dessin à la plume, lavé de bistre.

713 — Les Martyrs de la foi.

Très-beau dessin à la plume, lavé de bistre et rehaussé de blanc, sur papier teinté.

714 — Un saint personnage bénit deux enfants.

Très-beau dessin à la plume, lavé de bistre.

VASARI (Attribué à)

715 — Figure d'un apôtre.

Beau dessin à la plume, lavé de bistre.

VINCI (Léonardo da). 1452+1519

716 — Caricatures et études de têtes.

Quatre jolis dessins à la plume et à la pierre noire, légèrement lavés d'aquarelle.

VISACCI (Antoine Cimatori, dit le), d'Urbin. xviᵉ siècle.

717. — Saint Pierre, saint Paul et saint Benoît, en conci-
    liabule.

Très-beau dessin à la plume, lavé de bistre.

ZAMPIERI (Dominique), dit **LE DOMINIQUIN**, de Bologne.
1581+1641

718 — Tête d'enfant.

Très-joli dessin à la pierre d'Italie, rehaussé de blanc sur papier bleu. —
Au verso, un autre dessin.

ZANOTTI (Jean-Pierre). 1674+1765

719 — Plusieurs études à la plume et au crayon de mine de
    plomb.

ZUCCHERO (Frederico). 1542+1609
(Frère de Taddeo.)

720. — Un Apôtre.

721 — Saint Jérôme en prière.

722 — Andromède.

723. — Le Déluge.

724 — La Circoncision.

725 — Monuments d'architecture.

726 — Tête d'étude.

727 — L'Amour soulevant une draperie.

Joli dessin à la plume, lavé de bistre.

Au verso, portrait d'une Dame vénitienne. Joli dessin aux trois crayons. (Collection Crozat.)

ZUCCHERO (FREDERICO).
(Frère de Taddeo.)

728 — Michel-Ange présidant à la construction d'un palais.

Magnifique dessin à la plume, lavé de bistre.

729 — Cardinaux, Évêques, et Gentilshommes écoutant la lecture de la Bible et recevant la bénédiction apostolique.

Un très-beau dessin à la plume, lavé d'encre et rehaussé de blanc sur papier bleu.

730 — La Flagellation du Christ.

Très-beau dessin à la plume, lavé d'encre et rehaussé de blanc, sur papier bleu.

ZUCCHERO (TADDÉO). 1529+1566

731 — Saints Ermites en adoration.

Jolis dessins à la plume, lavés de bistre.

732 — L'Annonciation.

Dessin à la plume, lavé de bistre et rehaussé de blanc.

ANONYME de l'École de JULES ROMAIN

733 — Invocation à une déesse du paganisme.

Beau dessin pour un bas-relief; il est exécuté à la plume, lavé de bistre et rehaussé de blanc sur papier teinté.

ANONYME de l'École Lombarde

734 — Sujet historique.

Beau dessin à la plume.

ANONYMES de l'École Italienne

735 — Un village près d'une rivière.

Beau dessin, très-finement exécuté à la plume. — Collection Crozat.

736 — L'Enlèvement de Déjanire.

Dessin à la plume, lavé de bistre et rehaussé de blanc.

737 — Supplice d'un martyr; un Évêque retient le bras du bourreau.

Très-beau dessin à la plume, lavé de bistre et rehaussé de blanc sur papier teinté.

738 — Trois jolis dessins à la plume, lavés d'indigo, sur papier teinté.

739 — Étude de femme drapée.

Joli dessin à la plume.

ÉCOLE FRANÇAISE

ÉCOLE FRANÇAISE

~~~~~~~

AUBRY (Étienne). 1745+1781

740 — Paysan dans l'attitude de la prière.

Beau dessin au pinceau, lavé de bistre et de sépia.

BELLANGER (J.-A.)

741 — La Fuite en Égypte.

Très-beau dessin à la plume, lavé de bistre.

BIART (Pierre)

742 — Portrait d'une jeune femme.

Joli dessin à la pierre noire ; la tête est presque entièrement terminée au pastel.

BOUCHARDON (Edme), sculpteur

743 — L'Extase de sainte Thérèse.

Joli dessin à la sanguine.

BOUCHER (François). 1704+1770

744 — Vénus et l'Amour.

Beau dessin à la pierre noire, rehaussé de blanc sur papier bleu.

745 — Nymphes au bain.

Charmant dessin à la pierre noire. Cette composition fait partie de la suit des *Métamorphoses d'Ovide*.

BOUCHER (FRANÇOIS)

746 — Une jeune dame en costume élégant.

747 — Groupe d'enfants.

Deux jolis dessins à la sanguine.

BOURDON (SÉBASTIEN). 1616+1671

748 — Crucifixion de saint Pierre.

Dessin à la plume, lavé de bistre.

BOURGEOIS (CONSTANT)

749 — Paysages avec fabriques.

Deux beaux dessins exécutés d'après nature en Italie. — (Sépia).

BOURGUIGNON (JACQUES COURTOIS, dit LE). 1621+1672

750 — Deux croquis à la plume. Sujets de bataille.

CALLOT (JACQUES). 1593+1635

751 — Jésus-Christ montant au Calvaire.

Très-curieux dessin, finement exécuté à la plume.

752 — Un autre dessin. Paysage à la pierre noire.

CHÉRON (LOUIS). 1660+1723

753 — Une Scène du Déluge.

Très-beau dessin à la plume, lavé d'encre de Chine. —(Collection Crozat).

COCHIN (Charles-Nicolas)

754 — Cicéron. — Frontispice pour un livre. — Deux mé-
    daillons, portraits de Pope et G. Warburton.

Trois jolis dessins à la mine de plomb.

Sur la même feuille : Un charmant croquis à la
    plume.

755 — Scène de la tragédie d'*Alzire*.

Joli dessin à la sanguine. — Il est signé.

756 — Portrait de Mme Fréron.

Charmant dessin à la mine de plomb, d'une conservation parfaite. — Il
est signé. — Ce portrait n'a jamais été gravé.

757 — Le Génie rêvant l'Abondance.

Joli dessin à la mine de plomb.

758 — Sept charmants petits dessins à la plume, lavés d'en-
    cre. Sujets religieux.

759 — Figures allégoriques pour un frontispice ou le titre
    d'une carte géographique.

Joli dessin à la mine de plomb.

CORNEILLE (Michel). 1603†1664

760 — La Sainte Famille.

Dessin à la plume, sur papier de couleur.

CORNEILLE (Michel), le jeune. 1642†1708

761 — Un très-joli dessin. Composition de trois figures.

A la pierre noire, rehaussé de blanc sur papier bleu.

COUSIN (Jean). 1520 † 1590

762 — La Vierge et l'Enfant Jésus.

Dessin à la plume, lavé de bistre.

DEFAVANE

763 — Réjouissance de Nymphes et de Satyres.

Joli dessin à la plume, lavé d'encre de Chine.

DUVIVIER (Jean-Baptiste). 1762 † 1837

764 — Très-beau paysage avec figures, exécuté à l'aquarelle.

765 — Deux feuilles d'études de têtes d'animaux.

Beau dessin à la sépia, rehaussé de blanc.

766 — Un paysage et une vue. (Intérieur d'une caverne.)

Deux jolis dessins au pinceau, lavés de bistre.

EISEN (Charles)

767 — Trois jolis dessins à la plume et à la sanguine.

768 — Deux frontispices.

Très-importants dessins à la plume, lavés d'encre de Chine.

FRAGONARD (Honoré)

769 — Agar renvoyée par Abraham.

Très-beau dessin à la plume, lavé de bistre et de sanguine. — D'après Rembrandt.

770 — Paysages. Vues d'Italie.

Quatre beaux dessins, exécutés à la sanguine et à la pierre noire.

GABET (François).

771 — L'Entrée d'un bois.

Très-beau paysage à la sépia.

GAMELIN (Jacques). 1739+1803

772 — Les Républicains chassant les Espagnols de Bagnols, l'an ii de la République.

Très-beau dessin à la plume, lavé d'encre de Chine.

773 — Combat de cavalerie.

Autre beau dessin à la plume, lavé d'encre de Chine et rehaussé de blanc sur papier bleu.

774 — La Mort de Mithridate.

Dessin à la plume, lavé d'encre de Chine, signé et daté 1798.

GRAVELOT (Hubert)

775 — Deux frontispices pour un recueil de chansons et une carte géographique.

776 — Une petite composition représentant l'autel de la déesse de la Raison.

Jolis dessins à la plume, lavés de bistre.

777 — Feuille de costumes et études diverses pour les compositions de *Tom Jones*.

Joli dessin à la plume.

778 — Un personnage de tragédie.

Étude à la pierre noire, rehaussée de blanc sur papier teinté.

779 — Une autre étude. Paysanne vue de dos.

A la pierre noire, rehaussée de blanc sur papier de couleur.

780 — Deux personnages de distinction, costumes du xviiie siècle.

Très-jolis dessins à la mine de plomb.

GRAVELOT (HUBERT)

781 — Jeune dame assise, costume du xviiie siècle. — Sur la même feuille, plusieurs études de têtes.

Charmants croquis à la pierre noire.

782 — Composition pour une des vignettes du *Tom Jones* (Livre Ier, chapitre 3.)

Très-beau dessin à la pierre noire, rehaussé de blanc.

783 — L'Entretien galant.

Charmant dessin à la pierre noire, rehaussé de blanc.

784 — Une scène de *Tom Jones*.

Charmant dessin à la pierre noire, rehaussé de blanc sur papier de couleur. — Très-jolis costumes du xviiie siècle.

785 — Étude pour une des compositions de *Tom Jones*.

Très-joli dessin à la pierre noire, rehaussé de blanc sur papier bleu.

786 — Jeune femme assise figurant dans une des compositions du *Tom Jones*.

Joli dessin à la pierre noire, rehaussé de blanc, sur papier de couleur.

787 — Personnage pour une composition satirique.

Joli dessin à la plume, lavé de bistre.

HUET (JEAN-BAPTISTE).

788 — Berger gardant son troupeau.

Très-beau paysage à la pierre noire, lavé d'encre et d'aquarelle. — Dessin capital du maître.

JOUVENET (JEAN)

789 — Descente de croix. Première pensée de son tableau du Louvre.

Dessin à la plume, rehaussé de blanc, sur papier de couleur.

LAFAGE (Raimond)

790 — Mucius-Scœvola.

Beau croquis à la plume.

LALLEMAND

791 — Monuments en ruines au bord d'une rivière.

Beau dessin à la plume, lavé d'encre de Chine.

LARÜE

762 — Une Bacchanale.

Beau dessin à la plume, lavé d'encre de Chine.

LEBRUN (Charles). 1619+1690

793 — Hercule et Antée. — Figures allégoriques.

Trois dessins exécutés à la pierre noire, lavés d'encre de Chine, de sanguine et rehaussés de blanc.

LEBRUN (Gabriel)

794 — Scène mythologique.

Dessin à la sanguine.

LECLERC (Sébastien)

795 — Deux charmants petits dessins à la plume, rehaussés de blanc sur papier de couleur.

LEFEBVRE (François)

796 — Deux paysages au crayon et à l'encre de Chine.

797 — Vues prises sur les bords du Rhin.

Deux jolis dessins à l'aquarelle.

LEFEVRE (Valentin)

798. — Les trois vertus théologales.

Joli dessin, très-bien exécuté pour un frontispice. Il est signé.

LEPAUTRE (Jean). 1617†1682

799 — Lit royal.

Très-beau dessin à la plume, lavé d'encre de Chine.

LESUEUR (Eustache). 1617†1655

800 — Une figure académique.

Beau dessin à la pierre noire, rehaussé de blanc sur papier de couleur.

MARIETTE (Jean), le fils

801 — Paysage à la plume.

MAY (Jean)

802 — Deux sujets de bataille, sur la même feuille.

A la plume, lavés de bistre.

MOREAU

803. — Adam et Ève.

Beau dessin, largement exécuté à la plume.

NANTEUIL (Robert). 1631†1678

804 — Deux portraits.

Beaux dessins aux crayons de couleur.

NATOIRE (CHARLES). 1700+1777

805 — Les pêcheurs priant Jésus de monter dans leur
barque.

Très-beau dessin à la plume, lavé de bistre et rehaussé de blanc.

NORBLIN (PIERRE). 1746+1830

806 — Vue d'une ville.

Joli croquis à la plume, lavé d'encre de Chine.

OUDRY (JEAN-BAPTISTE). 1686+1755

807 — Natures mortes.

Deux très-beaux dessins à la pierre noire, rehaussés de blanc sur papier
bleu.

PARROCEL.

808 — Saint Jérôme.

Dessin à la sanguine.

PATENIER (JOACHIM).

809 — Trois paysages.

Dessins à la plume. — Deux feuilles.

PERELLE (GABRIEL)

810 — Vues d'Italie.

Dix très-jolis dessins sur quatre feuilles. — A la plume, lavés d'encre de
Chine et d'aquarelle.

PICARD (Bernard)

811 — Scène du Déluge.

Très-beau dessin à la plume et au bistre. — Signé et daté 1730.

PILLEMENT (Jean).

812 — Vues d'Italie, Paysages et Marines.

Six très-jolis dessins à la pierre noire.

POUSSIN (Nicolas). 1594+1665

813 — Paysage historique.

Très-beau dessin à la plume, lavé de bistre et rehaussé de blanc, sur papier bleu. — Au verso, un très-beau croquis à la plume pour la composition du *Buisson ardent*.

PUGET (Pierre). 1622+1694

814 — Deux très-beaux dessins à la plume.

QUINET (Gilles)

815 — Composition allégorique.

Dessin à la plume, rehaussé de blanc.

RESTOUT (Jean-Bernard).

816 — La Transfiguration.

Très-beau dessin à la pierre noire, lavé de bistre et rehaussé de blanc sur papier teinté.

RIGAUD (Hyacinthe). 1659+1743

817 — Portrait de Philippe V, roi d'Espagne.

Très-beau dessin à la pierre noire, rehaussé de blanc sur papier bleu.

818 — Portrait du cardinal Fleury.

Très-beau dessin à la plume, rehaussé de blanc, sur papier teinté.

ROBERT (Hubert). 1733+1808

819 — Édifices romains.

Dessin d'architecture à la plume, lavé d'aquarelle.

820 — Ruines romaines.

821 — Un Prêche.

Deux très-beaux dessins à la plume, lavés d'encre de Chine et d'aqua-relle.

ROBERT (Hubert). Attribué à

822 — Étude de Fleur.

Dessin à l'aquarelle, sur vélin.

823 — Habitation champêtre.

Dessin à la sanguine.

SAINT-AUBIN (Augustin de)

824 — Deux charmants petits médaillons, à la gouache, sur fond noir.

SAINT-NON (Attribué à)

825 — Le Château neuf et trois autres vues de Naples.

Quatre beaux dessins à la plume, lavés d'encre de Chine.

SUBLEYRAS (Pierre). 1699+1749

826 — Trois études de figures, Évêques et Moine.

Beaux dessins à la sanguine.

VERNET (Joseph)

827 — La Tempête.

Dessin à la pierre noire.

WATTEAU (Antoine). 1684+1721

828 — Tête de Gille.

Très-joli dessin à la pierre noire, rehaussé de blanc, sur papier bleu.

WILLE (Jean-George), graveur du roi. 1775?

829 — Ruines de l'Abbaye de Saint-Maur, sur la Marne. — Paysans perçant une route.

Deux très-jolis dessins à la plume, lavés d'encre de Chine et d'aquarelle.

ANONYME.

830 — Le Repos en Égypte.

Très-beau dessin à la plume, lavé d'encre de Chine et rehaussé de blanc, sur papier bleu.

ÉCOLE ANGLAISE

ÉCOLE ANGLAISE

REYNOLDS (JOSHUA). 1723+1792

831 — Son portrait,

Dessiné à la pierre noire par lui-même.

832 — Tête de Jeune homme,

Dessinée aux trois crayons.

833 — Sous ce numéro seront vendus les articles omis et les dessins non catalogués.

Erratum.

Par suite d'une confusion qui s'est produite pendant l'impression du Catalogue, quelques noms de maîtres se sont trouvés classés dans une École à laquelle ils n'appartiennent pas. — Ces erreurs typographiques sont heureusement assez rares.

RENOU et MAULDE, imprimeurs de la Compagnie des Commissaires-Priseurs, rue de Rivoli, 144.　　29783

www.ingramcontent.com/pod-product-compliance
Lightning Source LLC
Chambersburg PA
CBHW052038270326
41931CB00012B/2546